JN033827

俳優になるには

なるにはBOOKS 15

山本健翔 著

ぺりかん社

はじめに

夢は俳優になること。本書を手にした読者もその一人かもしれません。確かに「夢」にふさわしい職業です。俳優の仕事自体、人に「夢」を見せることなのですから。しかし夢を「実現」するためには、「現実」に向き合わなければなりません。そしてその現実は、とても厳しいのです。

本書は「なるには」という職業ガイドシリーズの一冊ですが、職業とは、「日常従事する業務。生計を立てるための仕事」と『広辞苑』にあります。となると、この職業ガイドでまず伝えておきたいことは、「なるには」と言いつつ「なれない」。まずなれない、そう簡単にはなれないということ。つまり、それで生計を立てることはできない。まずできない、そう簡単にはできないのです。これが「現実」です。

とはいえ、実は俳優にはすぐになれます。自分が俳優と思って、観客と思う人の前で、自身が思う俳優のすることをすれば、あるいはそんな動画を撮って、配信したものを誰かが観てくれれば、もう「俳優」誕生です。

本書はその「そう簡単にはなれない」と「誰でもなれる」のあいだで、その現実を、その実際を、それでもあなたは、どうしてあなたは、なんのためにあなたは、俳優になりたいのですかと問いかけながら伝えるものです。

読み終えてなお、まだこの夢の実現をめざそうと思えれば、いけるところまでいってみるといいでしょう。その時にはこの本は脇に置いて、別の書物を手に取ってください。小説、詩、エッセイ、戯曲、ルポルタージュ、評論、哲学、科学……。町に出て、劇場、映画館、美術館、コンサートホール、ライブハウス、動物園、水族館……をめぐり、何より空を、風を、大地を、あらゆるものを、観、聴き、感じてください。

さまざまな出会い、社会とのつながり、世界への関心、俳優にはどれも大切なことです。高い志をもつことです。信じられる誰かを、何かを見つけることです。

そして、もし俳優にならなくても、人とのかかわりなくしてはできない俳優をめざして取り組む一つひとつは、人として生きるために大切なものを、きっともたらしてくれるはずです。

本書執筆にさいし、快くインタビューに答えてくださった方々、助けてくれた大阪芸術大学の関係者、編集担当のぺりかん社の市川純造さんはじめ、ご協力いただいたすべてのみなさんにこころから感謝します。

著者

俳優になるには　目次

［3章］

なるにはコース

※本書に登場する方々の所属、年齢などは取材時のものです。

［装幀］図工室　［カバーイラスト］カモ　［本文写真］取材先提供

「なるにはBOOKS」を手に取ってくれたあなたへ

「働く」って、どういうことでしょうか?

「毎日、会社に行くこと」「お金を稼ぐこと」「生活のために我慢すること」。

どれも正解です。でも、それだけでしょうか? 「なるにはＢＯＯＫＳ」は、みなさんに「働く」ことの魅力を伝えるために１９７１年から刊行している職業紹介ガイドブックです。

各巻は３章で構成されています。

［1章］ドキュメント 今、この職業に就いている先輩が登場して、仕事にかける熱意や誇り、苦労したこと、楽しかったこと、自分の成長につながったエピソードなどを本音で語ります。

［2章］仕事の世界 職業の成り立ちや社会での役割、必要な資格や技術、将来性などを紹介します。

［3章］なるにはコース なり方を具体的に解説します。適性や心構え、資格の取り方、進学先などを参考に、これからの自分の進路と照らし合わせてみてください。

この本を読み終わった時、あなたのこの職業へのイメージが変わっているかもしれません。「やる気が湧いてきた」「自分には無理そうだ」「ほかの仕事についても調べてみよう」。

どの道を選ぶのも、あなたしだいです。「なるにはＢＯＯＫＳ」が、あなたの将来を照らす水先案内になることを祈っています。

1章

ドキュメント

俳優として生きる

ドキュメント 1 変わらぬミュージカル愛

好きじゃなければできないけれど……

俳優
井上芳雄さん

井上さんの歩んだ道のり

東京藝術大学音楽学部声楽科在学中にミュージカル『エリザベート』の皇太子ルドルフ役でデビュー。「ミュージカル界のプリンス」と称され、さまざまな舞台に主演、多くの演劇賞に輝く一方、歌手活動、テレビドラマやバラエティ番組への出演など、その活躍の場は多岐にわたる。２０２４年４月開講「コクーン アクターズ スタジオ」特別ワークショップのゲスト講師も務める。

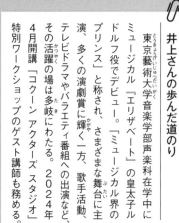

「没入」したあの日から

「ミュージカルが好きというのは、あの時から変わらないですね」

〝あの時〟とは、井上芳雄さんが小学4年生、地元福岡で『キャッツ』を観た時。「没入」という言葉で、井上さんは夢中になった日のことを話す。そして「歌いながらお芝居するやつをやってみたいな」と思うと「『キャッツ』のことをもっと知りたいから始まって、ミュージカルというジャンルに興味をもって、劇団四季、宝塚と、どんどん世界が広がっていく感じで」芳雄少年は、ダンスや歌のレッスンを開始。劇団四季の石丸幹二さんが、東京藝術大学音楽学部声楽科出身ということを知り、オペラ歌手、声楽家をめざす人が集まる最難関を突破。在学中に受けたオーディションで、ミュージカル『エリザベート』の主役、皇太子ルドルフ役に抜擢されてデビューと、実に恵まれた、ミュージカル界のプリンスと言われるだけのことはある、となりそうだが、『キャッツ』を観た日から数えれば10年、「今日レッスンをさぼったら、東京で同じようにミュージカル俳優をめざしている誰かに負けてしまうという根性でがんばってきた」と、著書『ミュージカル俳優という仕事』（このほかにも何冊かの著書が井上さんにはある、興味ある読者はぜひ手にしてほしい）に書いている通り、そこには懸命なレッスンの日々があり、だからこそ東京藝大にも入学できたのであり、そしてその原動力こそ「好き」ということになるのだが、「好きじゃなければできないけれど、好きだけではできない」と井上さんはきっぱり言う。

「歌と踊りとお芝居、一つひとつやるだけでも大変なのに、三つをいっしょにやらなきゃいけないというハードルの高さを考えると、適性というものもあるし、それはほんとうに大変」なのだと。そして井上さんの場合、特に大変だったのはお芝居だった。

5年間で味わった栄光と挫折

「やったことがなかったし、好きなミュージカルをやるためにはいちばんやらなくてはいけないということも、やっていくうちにいちばんやれていないということもわかっていく。なんで自分はできないんだろう、どうやったらできるようになるんだろうとずっと考えていた」という井上さん。

デビューから2年、ミュージカル『モーツァルト！』で、中川晃教さんとのダブルキャストで主演した時には「モーツァルトがほんとうに生きて動いているようだ」と言われた中川さんが、その年の演劇賞を総なめにするほどの評価を得たのに対し、井上さんは、自分自身もしっくりこないまま、「お芝居」、つまり演技力という点で、はっきり優劣をつけられた形になる。ダブルキャストという、同じ役を二人の俳優が演じる時には、どうしたって相手が気になるものだが、これだけ大規模な公演で、主演で、しかも評価も大きな演劇賞に現れるという、華やかなデビューを飾った者にしかわからない悔しさがそこにはあったろう。その後の『ファンタスティックス』『ミス・サイゴン』は好評で、なんとか立ち直りかけた時に、「世界のニナガワ」と呼ばれた蜷川幸雄さん演出の『ハムレット』に出演し、できない自分を徹底的に思い知らされる。

「人物表現に活かせるほどの人生経験も観察力もなくて、どうやったらその役になれるのかまったくわからない」まま、蜷川さんにはひたすら「違う」と言われる日々。なんとか本番を乗り切ったものの敗北感ばかりが残った。

しかし、その翌年の『モーツァルト！』再演では高評価を得て、初演の時に逃した賞も受賞、蜷川さんからは、およそ10年後に再会した時に、「うまくなったな。人間は変わるんだな」と言われたという井上さんだが、プリンスと呼ばれ、つぎつぎとメインキャストを演じる者にしかわからない栄光と挫折を、デビューしてわずか5年ほどのあいだにジェットコースターのように味わっていたのだ。

「しゃべったり動いたりというのは、誰でもできる。演技はその誰でもできるもので行うからこそ難しい」という言葉を、俳優をめざす読者は、しっかりか

井上芳雄さんが在学中に主役、皇太子ルドルフ役を演じたミュージカル『エリザベート』(2010年)　写真提供：東宝演劇部

みしめておいてほしい。

「俳優とは、仕事とは全部そうなのかもしれないけれど、最初はできないことをできるようにしていくところに対価をもらう、そしてそれがつぎにつながっていくということなんだと思います」

演技は自分のためにするのではない

その後、わが国を代表する劇作家、井上ひさしさん（ぜひ手に取ってその戯曲を読み、上演作品も観てほしい）の舞台に続けて出演。言葉、演劇の力というものを信じ、人間を、社会を問い続けた井上ひさしさんとの出会いから、芳雄さんは、「お芝居」をする意味を見出す。自分の演技は下手だと認めたうえで、「体全体でぶつかって」その演じる人物の人生を伝えられればいい、演技とは自分のためにではない、役のためにするのだと。さらに、井上さんが劇作を通して社会と向きあう姿勢から、自分の作品への姿勢、覚悟というものが問われていることに気付く中で、できあがった『組曲虐殺』は、井上ひさしさんの最後の戯曲となるのだが、それは、芳雄さんにとって、とても充実したものになった。

それ以来、ミュージカルとストレートプレー（一般的な舞台演劇のこと）の垣根を越えて、幼き日の夢の実現という自分の願望や欲を越えて、「何かに導かれるように」続けてこられたのだという。

「この僕でいいんだ」

井上さんにとって、もうひとつの大きな出会いは、ジョン・ケアード、デヴィッド・ルヴォーという世界的に有名な海外の演出家の作品に主演したこと。

「俳優を追い詰めない、緊張させない、萎縮させないことを心がけ、俳優の演技を否定せずに導きながら、いい作品に仕上げていく。ジョンの『自分と役の中間地点にいてほしい』とか、ルヴォーの『とにかく呼吸をしなさい』といったとてもシンプルな言い方で、俳優を、舞台の世界を変えていく。それは魔法のようで、あっ、この僕でいいんだ、と認められた気がしましたね」

筆者の経験でも、海外の演出家と仕事をすると、まず肯定してくれる、そしてENJOY（楽しめ）、劇はPLAY（遊び）だとこちらをのせてくれる。でもそこに至るまでの準備や困難といったものがあってこそ、その言葉が響くということは、ここまでの芳雄さんのお話からもわかるだろう。

「だから、才能があるとかないとか、やっていいとか悪いとかということは、自分で判断しなくてもいいわけです。でも、オ

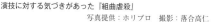

演技に対する気づきがあった『組曲虐殺』

写真提供：ホリプロ　撮影：落合高仁

ーディションに受からないといけないし、オファーをもらわないといけないし、お客さんにお金を払ってもらえる俳優でなきゃいけない。だから、そのままのあなたでいいんですよ、じゃあやりましょうとはならないところが厳しいところ」と井上さんは言う。

「作戦は立てる」

その厳しさのなかで、デビュー以来、常に第一線で活躍してきた井上さんだが、若いころは、「自分は特に強烈な個性があるわけでもないから、なんとかおもしろい人間にならなくてはと、とっぴな演技をしてみたり、発言をしてみたりと、自分ではないものにならなければいけないという強迫観念みたいなものがありました。でも、今は良くも悪くも、自分でしかないと思うようになって、比較的僕は自己肯定感が強い方ですが、それはそのほうがいいと思います。そして、舞台に出て、お客さんの前に立つということ自体が、人を信じていないとできないことですから」と、自己を肯定した先にある他者への信頼を語る井上さんから、俳優という仕事にとって、大切なものを感じ取ってほしい。

この世界で生きるにあたって、心がけたことが、「作戦は立てる――。この仕事が好きだし、向いているかもしれないし、運も良かったと思うんですけど、自分なりに、自分のセールスポイントはどこで、今、どの人がいちばんこの世界で魅力的だと思うか、どうやったら、その人と知り合いになれるか、なったとしたら、どうやってつぎにつなげていくか、ということは、ずっと考えていました。たとえば劇団四季に入りたい、では、入るためにはどうしたらいいか。石丸幹二さんみたいになりたいなら、石丸さんはどういう経歴で、劇団四季に入ったのか、というふうにブランディングというととても偉そうですけど、いろいろ調べていました。それは今でもたとえば、トークができるミュージカル俳優っていないなとなれば、そこは自分で取りにいく。というか、どれだけ続けていたって、チャンスがいつでもあるわけじゃない。好きだからってみんなができるわけじゃない。常に、オーディションを受けてチャンスをうかがっていくといった姿勢ですね。これは、なくてはならない。人から求められるということはそういうことかなと思います。苦しいことではありますけどね」。

とはいうものの、年齢を重ねることがプラスに働くことを実感するなど、この仕事の楽しさをようやく感じられるようになったという井上さん。

役や作品から学ぶことができた

「人として、何かすぐれているから俳優になるわけでもなくて、むしろ逆の場合が多いかもしれないですよね。僕も含めて。でもお芝居することで、学べることがたくさんあったんです。ほかの人の人生を通して人生というものを学べる。最初のころはお芝居ができなくて、とても苦しかったのですが、でも同時に、やっている役や作品から学ぶところが多かったです。この人のこういうところがすてきだな、この役のこういうところがわかるなとか、驚いたなというところを糧にして、つらい時も生きてこられた。それはいまだに毎回そうやって役から教えられていますから、

役から学ぶことが多い、と井上芳雄さん　ミュージカル『ベートーヴェン』写真提供：東宝演劇部

そういう意味で、プロになるとか、お金を稼ぐとか、そういったことを抜きにして、人生経験として、それはほんとうにすてきな仕事だと思います。たぶん、今の時代に生きている自分たちが、たとえばベートーヴェンに近づくとしたら、ベートーヴェンの役をやることがいちばんじゃないか。舞台上で、お客さんの前で彼の人生を生きることで、彼に近づき、そのどんなに絶望的な状況に陥ってもあきらめないという姿勢を学べるんです」という『ベートーヴェン』終演直後の井上さんの言葉は、めざす読者にもとてもいいメッセージになったと感じながら、公演中でもあり、そろそろインタビューを切り上げようとすると、

「俳優になりたい人に、収入の話をしたほうがいいかと思うんですよね。僕は正直、まっ

たく考えずにこの仕事についてしまったもので」と、井上さんは言葉を選びながら「努力しだいでは、生活できて、家族を養える可能性もある。ただ、みんながみんなそうなるわけでもない。だから、あまり希望的なことばかり言うわけにはいかなくて、でも夢がないわけではないということも言いたい。もちろんまだまだ改善の余地のある業界ではあると思います。たとえば稽古手当のこととか、自分もそういった問題の改善には、なんとか力になりたいと思ってはいます。ただ、今、めざしている人たちは、現在は、どういう状態で、どのようにしたら生き残っていけるのか、そういったこともリサーチして」、つまり「作戦を立てる」ことを井上さんは勧める。

「生きていくにはとても難しい、厳しい世界です。でもだからこそ、観る人を魅了することができるんだと信じてやるしかない」

不屈なベートーヴェンを力強く演じきった井上さんだが、その言葉は謙虚で、爽やかで、その清涼感がいつまでも心に残った。こんな余韻を感じさせる人はそういない。少年の日の「好き」をもち続けながら、デビュー以来、ずっと第一線で活躍するだけのことはある。そして、そこには、自身を導くミュージカルとストレートプレーの垣根を越え、自分の願望や欲を越えさせる何かを知るしなやかでしたたかな「プリンス」の姿があった。

ドキュメント 2 どんな役でも自分にとっては主役

夢のままぼんやりいかないで現実にしてほしい

俳優 うらじぬのさん

うらじさんの歩んだ道のり

大阪芸術大学舞台芸術学科演技演出コース卒業、劇団子供鉅人を拠点に小劇場で活躍。ドラマ『フルーツ宅配便』（テレビ東京）、『病室で念仏を唱えないでください』（TBS）、『あのときキスしておけば』（テレビ朝日）、『ブラッシュアップライフ』（日本テレビ）、初主演映画『炎上する君』などでの圧倒的な存在感と確かな演技力が注目される若手実力派の一人。

個性派女優として注目

わずかな出番でも印象に残る役がある。たとえばテネシー・ウイリアムズ（この作家もぜひ読んでほしい）の『欲望という名の電車』の黒人女、看護師、出番は多くないがその登場が主人公のドラマをきわだたせる二役を、沢尻エリカさん主演の舞台で務めていたのが、筆者の大阪芸術大学舞台芸術学科の最初の教え子で最近、舞台、テレビ、映画と、その存在感から個性派女優として注目されているうらじぬのさんである。

彼女たちだけは、1年生から3年生まで担当したのだが、入学時から独特のたたずまいが印象的で、3年生の学内公演ではチェーホフの『かもめ』（こちらも俳優志望者の必読書）でアルカージナという物語の核となる女優を演ってもらった。では、あらためて大学入学前の話から聞いてみよう。

始まりはアウストラロピテクス

小学1年生の時、社会科の授業で好きな時代を調べて発表するという課題を、うらじさんは、アウストラロピテクスに扮して、組んだ男子が通訳するという意表をつくやり方で行った。化石人類という役を通したら、クラスのみんなとのコミュニケーションがすごく取りやすくなった。それでもふだんは人見知りで、ゲートボールクラブに所属し、放課後、黙々と校庭をまわってゲートボールをしていたのだという。

だが、役を演じた時の気持ちは忘れられず、中学では演劇部を希望するが、なかったので、短歌俳句部に。ところが1年の終わりごろ、顧問の先生が「もう飽きたから演劇部にする」と宣言、思いがけない展開に。

顧問の先生も含め、演劇というものを誰も知らなかったので、大会があるらしいからと出ても、音楽や上演時間といった大会規定をことごとく無視した結果、減点減点で最下位。顧問の先生も、みんなも萎えているなかで、自分だけは、優勝した中学校のお芝居がほんとうにすてきだと感じたうらじさん。
「で、私だけそのままやる気を保ち、部をなんとか引っぱって、演劇コンクールにまた参加、でもぜんぜんダメだったんですけど」

大阪芸術大学へ進んだいきさつ

高校は、千葉県内の人気がある演劇部があるところを選んで入学。そして演劇部で作品をよくとりあげていた劇団キャラメルボックスの舞台を観に行き、はじめて「お金を取って舞台をしている人たち」にふれ、自分もこういうことをしていきたいと、「なるには」といった本もいろいろ読み、最初に行こうと思った芸術系の大学のオープンキャンパスへ足を運んだ。

ただそこで観た舞台が、あまりおもしろくない。ほかを考えても学費が高すぎることもあって、急に大阪芸術大学が浮上。大阪といえば、修学旅行で行先を、ユニバーサル・スタジオ・ジャパン（ＵＳＪ）か京都か吉本新喜劇のうちから選べるという時、ほとんどの生徒はＵＳＪか京都で、自分もＵＳＪに行きたかったが、演劇部で応援してくれる顧問の先生に、どうしても大阪の芝居を観てきてくれと言われて新喜劇へ。それが「すごくおもしろくて。大阪もすてきな街だなという印象があった」ので、大阪芸大を受験することに。

ところが、ご両親は猛反対。もともと「俳優は大変だから、事務職とかについてくれ」というところに大阪の大学、賛成されるわけはないと、「父親には内緒で母親にだけ、大阪に行かせてくださいと言って、一般入試を受けて合格できたので、もう合格したんだからと説き伏せて」大阪芸大へ。そこで筆者と会うわけだが、大学の授業はどうだったのだろう。

「悪いところを取り払ってもらえたなって思います。授業の最初のころに、そんなふうに思わないようにしようとはしていましたが、それでも、高校の演劇部で習った技法を使えば上手くいくだろうと、ちょっと傲慢になっていたものが打ちのめされたんです、ぜんぜんできてないって。むちゃくちゃ下手くそだなって」

だから、高校で演劇をやっていた人は、それ以降もやっていくのであれば、「高校の演劇部で経験したことがすべてではなく、一新するような気持ちで挑んでいったほうがいいと思います」と話す。

プロレスラーとしてデビュー

それでも、着実に力を伸ばしていったように見えたが、内心はだいぶ焦っていたそうで、『俳優になるには』を読んで、（大阪）芸大に行って、事務所に入るというルートを行きたかった」ので、30社ぐらいに応募して、1社だけ、養成所付きの芸能事務所に合格した。

「卒業してそこに入ったんですが、2カ月ぐらい行ってやめたんです。1年後に選ばれた人には、仕事が入ってくるといった感じだったんですけど」

やっている内容が大学で学んだこととの10分の1もないように感じ（3章を参照）、すぐに退所を決めた。

そして、エキストラ事務所に入りながら、フリーで舞台に出る生活を続けるうち、劇団子供鉅人に誘われ入団。そこで主演も含め、さまざまな作品にかかわるが、現在の事務所が劇場もオープンさせ、演劇に力を入れようという時で、その劇団に白羽の矢が立って、劇団ごと所属することに。こけら落とし公演はプロレスラーの役、それが好評で、プロレスラーとして後楽園ホールでデビュー。つぎも誘われたが、それは断ったそうで「受け身がうまかったみたいで」と、リアクションの上手さが見込まれたうらじさん。その躍進の秘密はそこにあるのかもしれない。

知識がないからこその快挙

事務所に所属してすぐ、映画『笑う招き猫』のオーディションに合格。「居酒屋で騒いでいる人」という役だったが、別の俳優を担当していたマネージャーが、読み合わせの時に「すごくおもしろかった」と言って応援してくれて、その時のプロデューサーも、その後力になってくれて、というふうにワンシーンからつぎつぎと仕事が広がっていく。これはありそうで、なかなかあることではない。

「何も知識がなかったのが逆によかったな」

とうらじさん。

「その映画のオーディションの時、主役のやりとりのシーンが課題台本だったので、主役オーディションだと思いこんで、ものすごい気合でいったんです。でも、その台詞を使っ

劇団子供鉅人の舞台『チョップ、ギロチン、垂直落下』では女子レスラー・マンモス稲子役を演じた

ているだけで、主役はもちろん決まっている。そうとも知らず、主役だっていうんでもう目一杯やりました。声も、映画のボリュームがわからないから、舞台発声のでかい声、でもそれがおもしろかったらしくて」合格。

確かに、筆者の経験でも、わかったような顔をして芝居は思いきりがないまま、何度落ちたことか。自分が審査員の側になるとわかるのだが、常に気合だけでも、主役を任せられるような態度で臨むのは、オーディションでも、どんな現場に行っても大事なことだと話すなかで、うらじさん、こう言い切った。「自分のこの役が、自分にとっては、自分のなかでは主役だし」と。そしてこう付け加える。「忘れちゃうから、ときどき思い出すようにしているんですよ。あの時の勘違い」

さらに、その映画のあと『バイプレイヤー

ズ』というドラマでも、松重豊さんを茶化すギャルといった役で、台本に書かれている台詞だと、「あれだよ、『孤独のグルメ』の人だよ」という感じだったのを「ギャルだしなと思って、『ほらほら、ボッチだよ、ボッチのグルメだよ』みたいな、ちょっとアドリブも勝手に入れて。今思うと、台詞は変えてはいけないかもしれないのに、知識がなかったからできたことで、でも、それがおもしろいって、また違うプロデューサーがつぎの作品に呼んでくださって」と、「ほんとに運んでもらっている」というが、やはりそれだけの何かがないとなしえない快挙だ。

アルバイト生活のこつ

だが、それでも、バイト生活から抜け出したのは、この1、2年だという。

「波があって、うまくお仕事が定期的に入ればいいんですが、入らないとまだ、単発でもバイトしないと、という時期ではあります」

バイト時代はというと、「バイト二つはあたりまえ。いちばん掛けもっていた時は四つ、ある時は、午前と午後で2本の舞台の稽古で、夜バイト、お休みの日にまた違うバイト入れて」という日々。それでも舞台は稽古の合間を縫えるが、映像の場合は、キープといって、日程をおさえられる。それでもぜんぜん呼ばれないこともあるし、急に呼び出されることもあるので、その期間はバイトを入れられない。

「めざす方にお伝えしたいのは、私の知り合いはウェブライターをやっていますが、何か資格をもっていたり、在宅でできるものを仕事にできるといいと思います。私は飽き性な

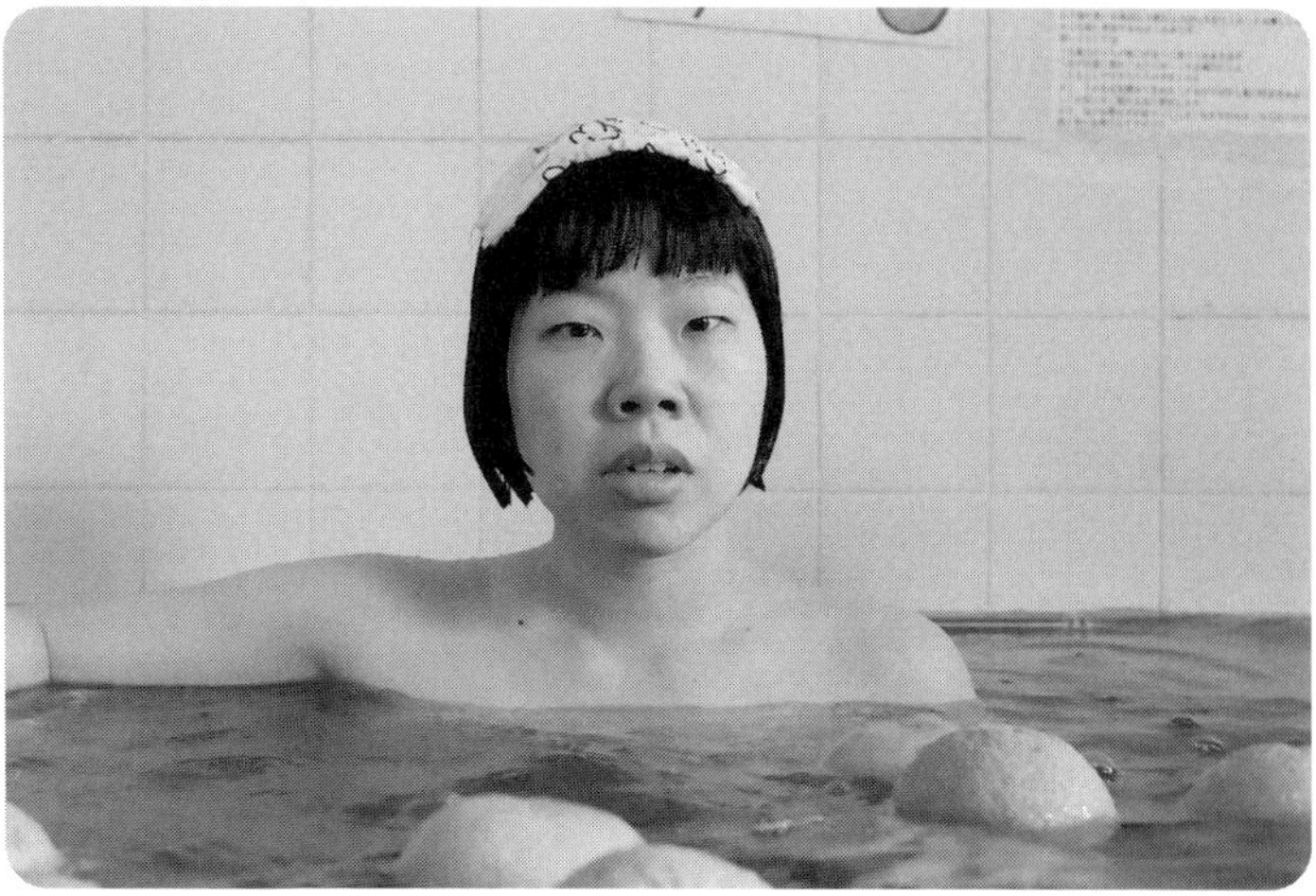

初主演映画『炎上する君』では梨田役を演じた

ので、とにかくいろんなバイトをやっていました。お勧めは劇場のバイト。チケットもぎりや場内案内をしながら仕事の一環としてお芝居も無料で観させて頂けるので」

印象に残った現場と言葉

「まず、現場ですと、さっきお伝えした『バイプレイヤーズ』で私を気に入ってくださったプロデューサーが、つぎに『フルーツ宅配便』という作品に呼んでくださって、みなさん有名な方のなかにまじって、成海璃子さんとのダブル主役。ガチガチにこうやって動こうと決めて行ったら、自転車に乗ってくださいとか、これを持ってくださいとか。舞台だと稽古があるけど、ないまま、『想定外』だらけで、計画していたことが全部崩れ、相手役の濱田岳さんが、全部サポートしてくださっていたんです。ある日家に帰って、撮影はまだ3日間ぐらいあったんですが、勘違いに気づいたんです。その撮影中、できなくてずっと悔しいって思っていたんですが、悔しいっていうのはおこがましい。できるはずなのにという気持ちがあるから悔しいんだ。できるわけない。ないなら、ただ自分ができること、これなら落ち着いてできるということだけやればいい。岳さんはじめ、みなさん、ほんとうに達者な方々のなかで、私はできることに専念するのが仕事だと思って、つぎの日から、その気持ちだけで行ったら、ほんとうにやりやすくなって、監督もおもしろがってくださって。ふとした気持ちの変化ではあるんですけど」

そして、この作品での演技が注目され、その後の活躍につながっていく。

「言葉といえば。劇団時代に相手役のヨーロッパ企画の石田剛太さんが、ほんとうに優しくて、いろんな話聞いてくださっていたんですが、演出家の指示に整理が追いつかなくて、できないとなっていた時の、『あれこれ考えずに、演出に言われたことをとりあえずやるんだよ』です。演出家の要求に、自分のなかで整理をつけて自然にすることが、そしてそれを楽しむことが仕事なのに、サボっていたと思って、泣けて泣けて。この時石田さんに、職人としての心意気みたいなものを教えてもらえた気がします。私はその職人気質のみなさんがかっこいいと思うし、私もそうなりたい」

そんなうらじさんが、筆者に会ったころの自身のような夢みる人たちへ伝えたいことは何だろう。

夢のままぼんやりいかないで

「夢のままぼんやりいかないで、現実にしてほしいと思います。細かく考える。今は、俳優として活動する枠は、前よりも広がっている。舞台と映像だけじゃない、たとえば配信もそうですが、それに参加するためにはどうしたらいいかという情報も、前よりも調べやすくなっていると思うんです。自分はどういう表現媒体で仕事したいのか、それ以前に仕事にしたいのか。本職があって、合間にやることもできる。その比重も無限、そのすべてが俳優だと私は思うので、自分はどの次元でやりたいのかを、時間があるうちにできるだけ調べて、自分と相談しておけば、その後の時間が有意義になると思います。そして、自分のことをよく知って、向かいたい先がわかったら、そこに向かって自分を育てていく。特に中高生の時っていろいろ吸収できる、偏見も少ないし。最近すごく思うのは、自分を育てるのは自分だなということ。植物じゃないですけど、栄養を自分で与えてあげないと。その形にしたいなら、添え木をしたりして」

朝ドラ『虎に翼』では、主人公伊藤沙莉さんの学友役での「講義中に白目をむいて〝舟をこぐ〟」演技がそれに続く番組『あさイチ』で有名な「朝ドラ受け」などで話題に。名脇役の面目躍如。わが教え子の今後の活躍が楽しみだ。

ドキュメント 3 とにかく映画の現場にいたい

絶対に自分の純粋さを失わないように

俳優
鎌滝恵利さん

鎌滝さんの歩んだ道のり

オーディションで映画『愛なき森で叫べ』、『子どもたちをよろしく』に相次ぎ主演、難役に体当たりで挑む。映画『生きててよかった』では主人公の恋人役。「PlayStation4『龍が如く最新作』助演女優オーディション」でグランプリ。『龍が如く7 光と闇の行方』に出演。出演作の公開を控えるなか、映画の現場にいたいと、助監督として参加もしている。

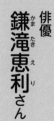

今は助監督として映画の現場に

「どうして私なんでしょう？」

早朝ＺＯＯＭの画面越し、開口いちばん、彼女は聞いた。撮影に追われ、まったく時間がとれず、リモートでインタビューするしかない。それでも昨日の撮影も明け方までかかり、ほとんど寝ていないという。それが、俳優としてならともかく、助監督として参加している自分が、「俳優になるには」に登場していいのかということなのだが、そこにこそ、彼女、鎌滝恵利さんを紹介したい理由があるのだ。

鎌滝さんは「２０１２ミス・ティーンジャパン」で、１７００人のなかから準グランプリに選ばれるなど、10代のころはモデルとして活躍、20歳の時には、『愛なき森で叫べ』という映画作品にヒロインとして抜擢され、続けて『子どもたちをよろしく』という映画でも主演、現在も『素敵すぎて素敵すぎて素敵すぎる』など公開待ちの映画作品もあるのに、なぜ助監督をしているのだろう。

「もともと自主映画をつくりたい、脚本を書きたいという気持ちもあり、とにかくいい映画には裏方でも参加したいという思いはもっていた「ここまですばらしい仕事をする人たちがいて、俳優は『おはようございます』と入ってきて、『お疲れさまです』と帰っていく。だけど、何かもっと能動的に映画にかかわれないか、演じる側も楽しいけれど、映画をつくるところをちゃんと見てみたいと思っていたところに、監督した自主映画のキャメラマンを務めてくださった長谷川友美さんという方に『大きな組だからやってみたら』と言ってもらい、いきなりやれることになったんです」

ZOOMの向こうから伝わる、映画への熱い思い。それはいつからだったのだろう。

ひきこもりを脱したきっかけ

「中学3年生の時に、立て続けにバンバンって映画を観て以来」という鎌滝さんだが、実は中学には行けていない。

「人に合わせることは、自分に嘘をつくみたいな気がしてできなかったんです。なんか息が詰まって。何年間ひきこもっていたんだろう。外に出たことはあったので、不登校と言ったほうがいいかもしれないんですけど。小3から中3までは、ぜんぜん学校へ行ってなくて。読書したり、詩を書いたり、ずっと一人で家にいたから。でも、その時の記憶ってあまりないんです」

映画を「バンバンって」観た時と、ひきこもりを脱した時が「ほぼ同時」だったという鎌滝さん。

「姉がモデル事務所にスカウトされたんですけど、その時から何か裏方になりたいって思いはあったんです。で、姉に、『事務所の撮影にヘアメイクさんが来るから、見たいんだったら見においで』と言われて。でも外に出るなんて嫌だ、人に会うなんて耐えられないって、ぎゃあぎゃあ泣いたんです。でもその時はじめて、私がすることに対して何も言わなかった母親から、『今これで外に出ないと、大人になっても絶対出られなくなっちゃうから出ときな』と言われてついていったんです。どうやら、スカウトされた時に持っていた姉の写真に私も写っていて、妹さんも連れておいで、と言われていたみたいで、『じゃあ妹さんもいっしょに写真を撮りましょう』と。無理やり外に出されたまま、とんとん拍子で、この世界に入ったんです。で、その時に事務所の社長さんに、『あんまり明るいタイプじゃないから、こういう映画が好きだと思うよ』と、『レオン』（レオンという殺し屋と少女の交流を描くフランス映画。「大人になっても人生はつらいの？」と尋ねる少女に、レオンは「つらいさ」と答えるシーンがある）はじめ、映画をいろいろ教えてもらったんです」

だから「ほぼ同時」というわけで、それは「自分の人生にとってすごく良かった」と鎌滝さんは話す。

とにかく映画の世界で生き残りたい

「映画の世界だけは、自分に共感してもらえるところがあるかもしれない、自分のもっているものを正直に出せるかもしれない」と自分の居場所が一気に開けた15歳。

そして20歳の時観た、野外上映のミュージカル映画『雨に唄えば』（同名の主題歌と、その歌が流れるタップシーンがすばらしいアメリカのミュージカル映画の大傑作）で「雨の中で唄っている」と、主人公が歌う場面でほんとうに雨が降り出して、野外会場が一体化したその瞬間、「ほんとうに映画が好きになってしまって、生活を全部映画にしたい。何でもいいからとにかく映画の世界で生きていきたい」と、鎌滝さんはすぐに動いた。

履歴書を出しては落ちる日々

モデル事務所は、「役者向きではない」とやめて、演技のワークショップに通いながら、いろいろな事務所に履歴書を送り続ける。

「知り合いにうちの事務所に入ったらと言っていただき所属したけど、やっぱり自分でほんとうに行きたいところに行きたいと思って、とにかく履歴書を出しては全部落ちていました」

そんなふうに3年間、オーディションにも履歴書を送っては、ことごとく書類審査で落ちる日々。ようやくオーディション会場に呼ばれたのが、映画『愛なき森で叫べ』。そしてそこで、いきなりヒロイン役に決定。

「スタッフさんにその後聞いたら、一回落ちていたらしくて、それでも主人公が決まらない。で、プロデューサーさんが、この履歴書で送ってきたやつ、ちょっと知っている。一応呼んでみようか」となった。そこで読者へのアドバイスは「履歴書は落ちます」。

つまり、鎌滝さん、何もわからないまま、就職試験などに使用する市販の履歴書で応募していたそうで、オーディション、芸能事務所に応募する場合は、それにふさわしい書式のものを使わないと、ということだが、それにしても、ヒロイン募集を謳ったオーディションならともかく、フリーで応募したオーディションでヒロインに抜擢されることはきわめて稀なことであり、そこは鎌滝さんのもつ何かが審査員の心を動かしたからであるが、そんな履歴書だったからこそ、一度落ちても思い出してもらえたともいえるわけで、こればかりは、何ともいえないことではある。

映画初出演、現場へ

映画初出演が主演、内容も非常に過酷なもので、「しんどかった。ほんと、しんどかっ

映画『子どもたちをよろしく』で主演を務めた鎌滝さん

たな」とふり返る鎌滝さんだが、そのころ、所属事務所も決め、つぎのオーディションに臨む。それが映画『子どもたちをよろしく』だが、その内容は「自分の人生にリンクする」ものだった。

「ひきこもり、不登校、いじめ。私は、いじめはあんまりなかったけど、もう共感しかない。しかも、シングルマザーの母ががんばって育ててくれたんですけど、物語で問題の元凶となる母親と名前が同じ。私の名前は違ったけど、まるで自分のことのようで、絶対これ私にやらせてよ、どうしてもやりたい」と、みごとにオーディションに合格。

「共感するところはすごくあるから、もう刺さって刺さって。でも、自分のままでできるわけではなくて、先輩たちに教えてもらって、なんとか乗りきった、という感じですね」

「自分の体に映画と現場をなじませたい」

その後も、テレビ、映画と出演は続くが、鎌滝さんの役は、「痛切」という言葉がよく似合う。つまり、痛切な思いをかかえた、痛くて切ない人物、そしてそれが、こちら側にも痛切に響く。デビューして5年。今の自分をどうとらえているのだろう。

「一所懸命が先行するばかりで、もともと人と接するのも、人前に出るのも、すごく怖い。だからカメラ前に立った時の怖さも、もの凄いものがあって、その時に自分のお腹の中にある、何かとてつもないエネルギーのようなもので、ようやくそこにいられる感じ」だというが、それが「痛切」の原動力なのだろう。

「でも」とこう続ける。「現場で、『よし、今日はがんばるぞ』じゃなくて、日常生活の延長のように、カメラ前に立てるようになりたい、それにはどうしたらいいんだろう」とずっと考えているという鎌滝さん。

その言葉で思い出したのが、いのうえひでのり、金谷かほり、渡辺えりといった、本書に登場する歌舞伎役者とも仕事をする演出家たちが口をそろえて言う言葉。「楽屋に住んでいる人たちには叶わないよね」。歌舞伎の家に生まれ、人生の大半を楽屋で過ごす歌舞伎役者のすごさは、多くの人が認めるところであるが、鎌滝さんは、それを映画の世界で実現しようと、助監督までしながら、「人生の大半」を撮影現場で過ごそうといるのだろうか。

「実際カメラの前に立ったら、緊張すると思うし、それができるかは、今はわからないけど、とにかく自分の体に映画と現場をなじま

舞台『いとしの儚』にヒロイン儚役で出演する鎌滝さん

せたいんです。自分が生きている時間を、なるべく映画の現場に使いたい、アルバイト（で何か違う仕事をする）とかじゃなくて。助監督一本目で感じたことは、俳優業と裏方の仕事では、使う脳みその種類が違うし、大変だし、寝られない。でも、すごく楽しいんです。だから、俳優に役立つかどうかはわからないけど、とにかく映画の現場で生きていくために、私にとっては必要なことだと感じます」

そして現場の空気をその体になじませた先にめざしていることが、「ごっこ」なのだという。

「ごっこ」のように

ある現場での撮影中に感じた、『ごっこ』みたいにふっと芝居に入っていけるようになれないか」ということ。そして、今自分がしていることはまさに、その『ごっこ』の感覚を長い時間をかけて習得したいという思いなのかもしれない」と、自分でも話しながらいろいろつながってきたという鎌滝さん。確かに、演技はＰＬＡＹ（遊び）。井上芳雄さん、渡辺謙さんが海外の演出家に言われたことでもあり、演技の究極はこれに尽きる。鎌滝さんも、カメラの前の怖さを解消するために、あれこれ考え準備してきても、何かなじまない、そのもどかしさを脱するには、「ごっこ」遊びだ、たとえば「セーラームーン」ごっこをしている時に、その決め台詞をどう言えばいいか悩む子どもは一人もいない。そうなるようにするために、現場を遊び場と感じられるようになるまで、どんなことをしてでも映画の現場にいようとしているのだ。

自分が壊されていくことが楽しい

ところで、鎌滝さんは、ゲーム『龍が如く7光と闇の行方』にも出演している。そのようすは2章で紹介するが、これも楽しかったそうで、「つらかっただけという作品もあるけど、後になってみると、あの時地獄を見といてよかった」という鎌滝さん。

「人生、地獄を見ることが楽しいみたいなところはあるかもしれない。平穏な毎日だったら、それを楽しめる能力がないから、こういう激しさ、大変さがどこかで好きなんだろうな」としつつ、「俳優業も、今やっている助監督の仕事も、変な言い方ですけど、これまでの自分が壊されていく、あいさつの仕方、話し方、考え方、とにかく全部壊されていく。今はそうやって自分を変えなきゃいけないタイミングだと思って、それをおもしろがっています。生きていることが楽しい」と話す。

本書を手にする読者に、あのころの私に

「嫌なことがあったり、きついことがあっても、絶対に自分の純粋さを失わないようにしてください。私もそうします」

純粋さとは「自分が本来もっている美しいもの」だという鎌滝さん。それを守ろうとして引きこもっていたあのころ、今、正反対の環境で、わが身を外向きにさらしながら、「流されそうになったり、自信を失うことも、いっぱいあるけど、生まれたままの純粋さだけは失うまい」と鎌滝さんは、その純粋さを映画に向けることで、そこで強いられる大きな変化を楽しんで受け入れながら、その純度を上げようとしている。

好きだからなりたいの「好き」が、鎌滝さんの映画のように、その活動の場に向かうことができれば、俳優になるにとどまらない、大きな可能性をもたらしてくれることを示してくれた鎌滝さんは、今日もまた撮影の現場に向かう。

ドキュメント 4 俳優志望者への誌上特別講義

とにかく自分を否定せず悩むよりも考えること

エンターテイナー
城田優さん

城田さんの歩んだ道のり

13歳から芸能事務所に所属、17歳で本格的に俳優デビュー、ドラマ『ROOKIES』などに出演し一躍スターダムに。テレビ、映画、舞台、音楽と幅広く活躍。ミュージカル『ファントム』では演出・主演・助演を務め話題に。枠を超えたエンターテイナーとして、２０２４年にはオリジナル・エンターテインメントショーを制作、世界に発信しようとしている。

劣等感を自分の個性として大切に

俳優として舞台、テレビ、映画と大活躍する一方で、演じるだけでなく演出も手がける城田優さんにインタビューをお願いしたところ、幼いころからエンターテインメントの世界にあこがれてきたけれど、導いてくれる方がそばにいなかったので、大切にしたほうがいいこと、自分に足りていなかったことなどを直接伝えたいということで、筆者の教える大学での特別講義が実現した。そのようすを誌上講義として再現してみよう。

自分の言うことが正解というわけではなく、進路を考えるうえで選択肢が増えれば、と前置きして、城田さんはこんな話から始めた。

「小さいころから僕もコンプレックスだらけだった。でも表に出る仕事をしたいということは、自分を見てほしい、応援してほしい、つまり、その人にとってあなたはすてきな存在でなくてはならない。だから『うまくいかない』『なんで自分だけできないんだろう』とか、そんなこと思っている暇があったら練習しろ！　これがいちばん最初の教訓です。劣等感を抱いている暇があるんだったら、動け！」

城田さんにとってのコンプレックス、それは「自分のアイデンティティーがわからなかった」という幼少期にさかのぼる。「いじめられていたというつもりはない。ただ事実として」と城田さんは言うが、スペインと日本のハーフであることで、スペインでは中国人を意味する「チノ」と呼ばれて乾電池をぶつけられ、日本に来たらガイジンと言われて仲間外れにされたこともあった。自分ってなんなんだろうという喪失感、それは後述するように、この世界に入り、オーディションを受けては落ちる日々でも経験することになるのだが、その結果城田さんが見つけたことは、「自分のコンプレックスといったものを、自分の個性として大切にできるか」ということ。「僕の場合はハーフということだったけど、それは、みなさんのさまざまな困難にも通じると思う」として「それが成功していく秘訣のひとつ」なのだと。そして、とにかく力をつけること、向上心をもって練習をしたり、勉強することだと、人気漫画の例をあげる。『ドラゴンボール』の悟空、『ワンピース』のルフィ、どんどん強くなっていく。ああいうことです。だから、自分を何かの物語の主人公だと思って成長していくこと、自分の歌や芝居やダンスや何かしらの芸術を通して、生きる希望や心のエネルギーを届けたいと思うなら、その人たちのためにがんばらなきゃ。僕なんて、私なんてと思っている暇があったら、まず思いっきり走れよ、そして、それでだめだったら、なんでだめだったかを考える時間で落ち込めばいい」

それは、オーディションでもいっしょだとして、「落ちた時に必要なのは『なぜ落ちたんだろう、何が足りなかったんだろう』『じゃあ、つぎはこうしよう。受かった人の何がよかったんだろう』、そういうことを考えること。悩むことで何も解決しない。もちろん悩みというのは、芝居をするうえでいろんな感情を教えてくれるから捨てるべきではない。でも、悩む時間は一瞬でいい。それだけこの出来事を重んじているんだと気づくきっかけになればいい。とにかく大事なのは考えるこ

城田優さんがトート役を演じ高く評価された『エリザベート』（2010年）

ミュージカル『エリザベート』 写真提供：東宝演劇部

と。悩むんじゃなくて、悩みの内容を解決するにはどうしたらいいんだろうと考える。答えは出なくてもいいから、とにかく考える。これが、現時点でみなさんが平等にもっている権利。そして、できなかったけど、つぎにはできるようになってやる、っていうイメトレをしながら、何かしてみる。ダンスでも歌でも、とにかく『弱音を吐いている暇があるんだったら、やれ！』、これに尽きます。そして、そんなことくらいで嫌だなって思うんだったらきっぱりやめろ！」と、「応援したくなる人」であるために心がけるべきことを一気に語った城田さん。でもすぐにこう付け加えた。

とにかく自分を否定しないこと

「僕、こんな偉そうなこと言っていますけど、オーディション落ちた回数なんて100回以上だし、中学2年から高校2年までは、もう自分の容姿が嫌で嫌で。身長の問題、外国人の顔だとか、濃すぎるとか。カッコよすぎるって今でこそ、『ありがとうございます』と言えるけど、当時は誉め言葉に聞こえない。『ちょっとカッコよすぎるんだよなぁ』ってプロデューサーが、タバコを吸いながら言うんですよ。学園ドラマのオーディションに行った時、『君はちょっと目立ちすぎるんだよな、君みたいな子っていないからさー』って。完全否定されているんだよ、俺、ここにいるのに。ふつうに学校に通っている、ただの中学生なのに、君みたいな子はいないから無理って、大人に言われたんです。その日は泣きながら帰った。僕みたいなのはやっぱりだめなんだって。自分の存在意義が否定されたという思いで。小さい時から経験してきたけれど、また大きな石をぶつけられたみたいな。でも、今はこんなにポジティブな話ができるくらい成長しました」

　ここで冒頭の話へとつながるわけだが、講義の前に、「自分が苦しかったこと、経験しなくてよかったつらかったこと、ショートカットしていい問題なんかを、あらかじめ教えられるかもしれない」と話していた城田さんは、こう続けた。

「考え方を変えるんです。つまり、自分の色がわかるタイミングがくる。その色というのは何回変わったってかまわない。とにかく、自分の色をちゃんと考えられるようになって、たとえば自分の場合なら、『今求められているものは緑だったんだ。俺は赤だからそりゃ合うはずないな。緑を探しているのに、赤が入ったら変に目立ってしまう、だからはまらなかった』と考えるのが、『どうせ俺なんて』とならない第一歩。だからオーディションは、選ばれたら、選ばれなかった人たちの分まで自分が死ぬほどがんばってやる、これあたりまえ。選ばれなかったら、『選ばれたやつがなんぼのもんじゃい』って思いながら、『絶対つぎまでにあいつを超えてやる』とがんばってやる、これもあたりまえ。そこに加えて、きっと今回の作品には、『あの人の色が合っていたんだな。自分はこういう色だったから違ったんだろうな』と分析をする。と、途端にただただ悔しい、悲しい、なんで私だけと思っていた時間がちゃんと身になる、これもとても大事。とにかく自分を否定しないことです」

俳優はとてもラッキーな職業

城田さんの話はさらに続く。

「役者をやりたい人はすべての経験と、すべての感情が材料になる。どんな苦しいことがあっても、必ずその経験や感情は、あとになって芝居のなかで人生を生きる時には、必ずプラスになる。だから、俺たちラッキーなんですよ。一般の仕事をしている人たちからすると何の栄養にもならない感情が、ゴミじゃない。悩んでいた時期も、その時の思考も、感じた痛みも、全部芝居のなかで出せるんです。だから、『悩み、苦しみラッキー！』って思いながら、へこたれるんじゃなくてそれを記憶したり記録したりしていつか役立てようっていうマインドで生き続けられる。とてもラッキーな職業です。それもぜひ覚えておいてください。朝おはようから夜寝るまでのすべての時間にヒントとチャンスがあって、それは自分しだいで何倍にも膨れ上がるし、サボろうと思えばいくらでもサボれる。そんな仕事だと僕は思います」

いろいろな経験は、だからマイナスなものはない、成功も失敗もどちらに転んでも経験値という武器が手に入るという城田さん。そして、その経験からもうひとつ言えることが、「やった後悔とやらなかった後悔なら、やった後悔のほうが、絶対役に立つ。いいんです、失敗するんです、人間は。私なんて間違いまくっています、ほんとうにいろんなことで選択ミスをしています。だからこそのお勧めは、とりあえずわからないならやってみよう」と、どこまでもポジティブだが、その根本にあるのは、やはり応援したいと思われる人になるということ。

「自分のことをしっかり認めてあげないと、自分についてきてくれる人たちがかわいそう」として、それにはまず「自分からだます」ことだと、実はこう見えてほんとうにネガティブ思考という城田さんは、「とにかくめちゃくちゃ緊張して体にも心にも出る。心拍数もバクバクになる。でも絶対見せない。それが自分のプロとしてできる最低限のこと」だと言う。

俳優をめざすなら舞台や映画を観て

経験ということでは、舞台や映画を観る際に、観られる側としての観方を説く。

「ただおもしろかった、つまらなかったじゃなくて、考察してみる。『この台詞すごい！』は、その役者がすばらしいのか、台詞そのものがたまらないのか』『ここでこの表情するってどういうこと?』『このカットワークは何なんだ!?』といったことを自分なりにちゃんとわかるようにしてみる。評論ではなく、そうすることで自分がどう観ているかということを認識できるから。いつもそんなこと考えなくていいんですよ。ただ、ノイズを感じた時っていうのは自分が好きじゃなかったり、もしくは、いい! と思っている時なんです。それをとらえておくこと、忘れないこと。そして、『好きな映画あります?』と尋ねられた時に何が好きなのか答えられるようにしておくこと」

城田優さんがファントム役で出演し、演出も手がけたミュージカル『ファントム』(2019年)　写真提供:梅田芸術劇場

俳優になりたいなら、とにかくいろいろ観てほしいとは筆者も思うところだが、観ていない人が実に多い。また観ていても、限られた自分の好きなものしか観ていない場合も多い。なりたいならまずいろいろ観よう、そのうえで、城田さんの言うノイズ、心がざわつく場面があれば、あとでその理由について考えて

みる。そして心底好きだと思える作品に出合ってほしいと思う。

得意なこと、苦手なことを見つける

そしてあらためて城田さんは、生半可な気持ちではできない世界であること、自分をもちながら、まわりの人たちを信頼し、ともにつくっていくという「マインド」を常にもち続けること。そしてちょっとやそっとではへこたれないことをあげた。

「実は僕も昔はすぐ落ち込んだ。どうしよう、何でできないんだって。それでわかったこと。何でできないか？　簡単です。足りてないんです、努力が。もちろん向き不向きはある。たとえば手が長いと、ダンスした時にダサく見えるといったことがあるんです。歌、芝居、ダンスでは、自分はダンスがいちばん苦手。そういうことをちゃんとわかっていれば、どれくらい時間をかければ、せめてまわりと同じくらいのスピードで動けるようになるかわかってくる。僕は常に、居残り練習をしてきたようなタイプの人間なんです。いるんです、難なくできてしまう、すぐに覚えてやってのける、そんな天才はいます。でもみんながみんなというわけではない。一人ひとりそのペースがあるから、自分のペースを見つける。いっぱい吸収していくなかで、自分の得意なこと、苦手なことを見つける。それを総合的に考えて時間を使う、ということを、ぜひ実践してほしい」

13歳で事務所に入り、オーディションに落ち続け、自己否定されたような目にあいながら、17歳の『美少女戦士セーラームーン』での本格デビュー以後、舞台、ドラマと一気に

大阪芸術大学での特別講義のようす

スターダムにのし上がった城田さん。現在はエンターテイナーとして、俳優、演出、プロデューサーと多角的な活動を通して、オリジナル・エンターテインメントを、世界に発信しようと意欲を燃やす。その迫力と熱量は、その言葉一つひとつにもみなぎっている。そう、活躍（かつやく）する人間には、やはりそれだけの何かがあるのだ。その何かをこのなかから感じてほしい。

1時間半、語り切った城田さんは、最後にこう言って講義を終えた。「とにかく、人生一度きりです。やりたいことをしっかり全うできるように、やりたくないことも一所懸命（いっしょけんめい）がんばって、勉強をたくさんして、楽しくいきましょう」

2章

俳優の世界

俳優の歴史

俳優という職業はいつ生まれどんなふうに続いてきたのだろう

日本における俳優の始まり

俳優とは、身ぶり動作によって、神を招く、喜ばせることを「わざおぎ」と呼び、それに「俳優」という中国語があてられたもので、奈良（なら）時代に成立した『古事記』『日本書紀』にもその言葉が見出される。またその中の、天照大御神（アマテラスオオミカミ）が天の岩戸へお隠（かく）れになり、世が闇（やみ）に閉ざされた時に、天宇受売命（アメノウズメノミコト）が、舞（ま）い踊（おど）り、神々が笑い、そのようすを見ようと、天照大御神が顔を覗（のぞ）かせた瞬間（しゅんかん）、力持ちの神々がすかさず岩戸を開き、天照大御神が姿を現し、再び世に光がもたらされたという天岩戸伝説から、天宇受売命が俳優の始まりともいわれている。このように、俳優とは、もとは神とつながるもので、「神楽（かぐら）」というものに今もその原形を見出すことができる。

その後、田楽、猿楽、延年、白拍子、今様といった歌舞を主体とした芸能が生まれ、そこから、後述する猿楽の世阿弥、その父観阿弥より、能・狂言が成立、ここには足利将軍の庇護もあり、その後も武家社会とつながりながら存続し、今日に至っている。

さて、庶民のものといえば歌舞伎だが、こちらは江戸時代初期、出雲大社の巫女と称する阿国によるかぶきおどりが始まりとされるが、これは、まさに京都の四条河原でのストリートダンスであり、その独特のファッションがもてはやされた点でも共通する。そんな河原もの、かぶきものたちのパフォーマンスに歌舞伎という文字が当てられるが、遊女歌舞伎、若衆歌舞伎といったものが、風紀を乱すと幕府が禁止するなかで、野郎歌舞伎という、男性だけで、女性の役は女形が演じるという形式が元禄時代に完成し、そこから脈々と今日に続いている。

明治維新、文明開化の風潮は、そういった歌舞伎を旧劇と称し、その改革をはかった新派劇、新国劇、そして西洋演劇を導入して成立した新劇といった、新たな演劇が生まれる。新劇は、当初、歌舞伎役者が新劇をするか、演技経験のないものを訓練して役者にするかという二派があり、後者から女優が生まれ、一世を風靡するものもあらわれる。ちなみに能・狂言、歌舞伎では役者という呼称が使われており、この時期に俳優という言葉があらためて使われることになる。

新劇俳優と映画俳優、急速に発展したテレビ

1911年に日本初の西洋式の劇場である帝国劇場ができると、「今日は帝劇、明日は三越」と、商業演劇と後に呼ばれる演劇興行の素地ができ、ここでは、歌舞伎役者、新劇俳優、また女優の活躍の場となり、戦後の日本におけるミュージカル発展の礎となる。

同じころ、本格的な映画が作られ、映画俳優というジャンルも生まれ、こちらでも女優が誕生。(以後、俳優という記述に女優も含めるが、現在はジェンダーレスの観点から、女優という呼称を避ける傾向にあることも先に伝えておこう。)

さて新劇は、関東大震災後の1924年に設立された築地小劇場が、その運動を確立したといわれ、そこから今日につながる、わが国で演劇と現在呼ばれるものの原形ができたとされている。同時期に活発になった、労働者階級の解放を志向する演劇運動(プロレタリア演劇)は第二次世界大戦敗戦まで、当局からの弾圧を受けることになった。

戦後、新劇は活況を呈する。とはいえ、新劇俳優は、ラジオ、映画への出演で生活を確保するか、全国各地の演劇鑑賞団体に上演機会を提供されることで収入につなげていく。

映画もまた、大ブームとなり、ニューフェースと呼ばれる各映画会社の新人発掘オーディションで選ばれた者から人気者が生まれ、映画スターという存在が確立。各映画会社は

「スターを貸さない、借りない、引き抜かない」と協定したことから、また、そういった制約を嫌った監督の映画製作にも呼ばれたことから、新劇俳優の活動の場が増える。

１９５０年代後半から急速に発展するテレビも、俳優の新たな活動の場となるが、先の協定が映画俳優の出演を制限したために、ここでも新劇の俳優が多く起用され、さらに歌舞伎役者も出演、最初は電気紙芝居などと揶揄され、俳優のアルバイトとされたテレビが、俄然大きな存在となっていく。

また人気歌手もスターの一角を担うようになり、こうしたスターの誕生は、１９６０年代から、商業演劇と呼ばれる松竹、東宝という映画も手がける大資本による興行も充実させ、またミュージカルの上演も増えていく。

アングラ演劇、小劇場、ミュージカル

一方、１９６０年代から70年代にかけて、アングラ（アンダーグラウンド）演劇が注目を集める。俳優ではなく役者、河原ものと自称し、前衛的な作品の根底に、明治維新以降切り捨ててきた日本的なるものを志向するなど、新劇、商業演劇といった既成のものに対する異議申し立ては、パリから始まった学生運動、アメリカ発の反戦、ヒッピームーブメントなど、組織や体制からの束縛を離れ、自由と平和を求めて立ち上がる若者たちの運動

を背景に、一大センセーションを巻き起こし、映画でも前衛的、実験的な作品がつぎつぎにつくられる。俳優にとって活動の場は広がるが、反商業主義を標榜する以上、出演が生活につながることはまずなかった。

１９７０年代から80年代、アングラの担い手だった者たちの商業劇場への進出、あるいはテレビ出演から、様相が変化していく。劇団四季がミュージカル上演を開始、新劇団でありながら商業ベースに乗った活動を展開、劇団員が劇団出演だけで生活ができるという稀有な例をつくる。一方で小劇場も一大ブームに。本書に登場する渡辺えりさん、いのうえひでのりさん、内藤裕敬さんはこの流れの一翼を担った方々である。

テレビの成熟期、出演が俳優のステータスに

１９８０年代から90年代にかけて、現在の演劇界をリードする演出家、劇作家がつぎつぎに登場。ミュージカルではグローバル化が進み、テレビもこの時期が成熟期を迎え、今に語り継がれる数々の名作ドラマが誕生。テレビに出ることを目標とする俳優も増え、一般的にもテレビ出演が俳優のステータスになっていく。本書の終わりを飾る渡辺謙主演の大河ドラマ『独眼竜正宗』が、歴代最高視聴率を記録したころでもある。

またテーマパークが人気を博し、金谷かほりさんは、そこからキャリアを始めている。

1990年代から2000年代は、ミュージカルに、ディズニーが進出、日本でも、今につながるミュージカルブームのきっかけとなり、また劇団公演から劇団枠を超えたプロデュース公演が盛んになっていく。

2000年から10年、2・5次元ミュージカルという、漫画・アニメ・ゲーム原作の舞台化を総称するジャンルが定着。城田優さんは、ここから一気にジャンルを超えた人気者となるが、あらたな活動、飛躍の場が生まれたといえる。

2010年から20年、ミュージカルナンバーがヒット・ソングとなるなど、ミュージカル、そしてミュージカル俳優が、舞台のみならずさまざまなメディアでもてはやされる。井上芳雄さんはそんなブームを牽引している。

俳優業と感染症のかかわり

2020年、その前年末から始まった新型コロナウイルス感染症の流行により、劇場は危機的状況となる。政府の自粛要請に公演はつぎつぎと中止を余儀なくされた。演劇が不要不急とされることに対して、演劇人は反論したり休業補償を求めたが、それに対する誹謗中傷もひどいものがあった。

ここで、読者にはひとつの現実を伝えておきたいと思う。コロナ禍でダメージを受けた俳優は、ごく一部だということを。アルバイト先の飲食店などが休業したことで困る人はあっても、俳優業休止で生活を直撃されたのは、ごく限られた人たちなのである。

もう一点、不要不急への反論に異を唱えるつもりはないが、筆者は不要不急だからこそ、なくてもいいものだからこそ、その点において存在意義があるものだと考えている。こういった緊急事態ではあっけなく中止されてしまうようなものに、人生をかけるようなことが許される世界は死守したいが、しょせん遊び、誹謗中傷されても仕方ないことをしているという気持ちは忘れないようにしたいと考えている。

そして、コロナ禍の日々、感染、伝染といった文字を眺めて思ったことは、その下に症だの病だのといった「やまいだれ」の文字がつくから不吉な気になるが、感じて染まると読めば、これは俳優自身がすることで、伝えて染めるは俳優が観客にしようとしていることにほかならない。感、染、伝、どれをとっても美しいとさえいえる文字ではないか。かつて寺山修司は「私はあなたの病気です」という台詞を書いたが、演劇と病気は近しいのだ。シェイクスピアの時代はペストという感染症でやはり劇場は閉鎖された。「ロミオとジュリエット」の悲劇の一番の要因は、ジュリエットは仮死だからそのあいだに迎えに来いというメッセージが、ロミオのいる町がロックダウンで届かなかったことだ。そんな作品が、今も上演されている、つまり、閉鎖はいつか解除され、その期間をどう過ごすかが問われ、シェイクスピアは詩作に没頭し、それ以降の作品に好影響を与えた。われわれは、配信といった新たな、作品共有方法を試した。本書執筆の時点では、まだまだコロナ禍について、多くを語れる状況にはないが、動画共有サービスを使った、コンテンツ生成によるあらたな俳優の仕事の可能性も広がっている。

また1章の鎌滝さんが出演したゲームのように、CGを自身から作り出し、そこに声でも出演するといった俳優の仕事の場が生まれる一方、生成AIにより俳優の仕事が奪われることに抗議し、ハリウッドでは映画俳優たちがストライキを起こすといった事態も起きている。渡辺謙さんも、観客の方でフルCGを好むようになるかもしれないという懸念を口にしている。いずれにせよ、俳優をとりまく環境が様変わりしつつあるなかで、読者のみなさんが切り拓いていくであろう未来に期待するしかない。

俳優とハラスメント

ハラスメントの顕在化と、その撲滅への動きが生まれてきたことも挙げておきたい。俳優の現場では、演出家、監督、プロデューサーといった存在とのあいだで、演技指導、配役を口実としたハラスメントがおこりやすい土壌があった。今後は、徹底した意識改革、体質改善を進め、俳優が安全に仕事ができる環境づくりが喫緊の課題となっている。

俳優の仕事場はどんなところなのか どんなことをするのか

舞台はどんなふうにできていくのだろうか。そこに俳優はどんなふうにかかわっていくのだろうか。ひとつの舞台作品ができるまでの俳優の仕事を追ってみよう。

舞台作品での俳優の仕事

1　出演が決まる。
2　台本が渡される。稽古開始までの間、台本を読みまくる。
3　顔寄せ（顔合わせ）。いよいよ稽古が始まる。
4　読み合わせ。出演者が台本を読み、演出家との間で、作品の方向、それぞれの役のありかたなどを探っていく。

顔寄せの日、あるいはその翌日からいきなり台本を離して稽古する演出家もいれば、この最初の期間に、さまざまなゲームを通じて、身体感覚を鋭敏にしたり、俳優相互の信頼感、協調性を育てるような演出家もいる。即興劇をしながら、作品世界に近づこうという場合もある。

5 立ち稽古。ひと通り読み合わせをしたら（通常は1週間ほど）、台本を離して、最初のシーンからあたっていく。

立ち稽古までにやっておくべきこと、立ち稽古でやるべきこと

稽古場にいる時だけが稽古ではない。この立ち稽古までに、台詞を覚えることはもちろん、俳優は自分の役のおかれた状況をよく考え、そんな時に自分だったらどうするか。そしてこの役の人物だったらどうするか、自分と役の人物の違い、相手役との心情的距離感、そういったことをじっくり考えてみる。

立ち稽古に入ると稽古場で実際に動きながら、その状況と自身、そこにいる他者（相手役）との関係を深めていく。そのために、俳優は自分の思うことを思いきって試し、演出家はそれをチェックする。それをもとに、家で考え、また試す。その作業を通じて、自分の役がすること、ほかの登場人物との関係といったことを発見していく。演出家によって、最初からどんどん決めていく人、はじめは俳優の思う通りにさせながらつくっていく

人、これもさまざまだ。この段階で即興劇をして、状況や相手役との関係を俳優にとってより身近な問題になるようにする演出家もいる。いずれにせよ演出家の要求にはまず素直に応える。そのうえで自分の考えたことがあればやってみて演出家の判断をあおぐ。どんなときでも俳優がめざすことは台本にすべて書かれていても、つねにその場で起きた出来事として、演出家の指示に従ったとしても、すべて自分の行動として、やってのけることにつきる。

またよく「頭で考えないで、とにかくやってみろ」と言われるが、それはやりながら考えるなということで、考えるなということではない。そしてそう言われるのは、稽古場に来るまでの作業をおろそかにしているか、考え方が間違っているかのどちらかだ。とても多いのは自分が演じる人物の可能性を狭める形でしか考えられない俳優。「この役の人物はここでこんなことはしない、自分だったらこんなことはしない」などなど。あるいは、自分の台本の解釈を見せようとする俳優。「この人はここで悲しんでいます、なぜなら……」。演技は台本を解説するためにするのではない。観客はそんなものを観にきてはいないのだ。

何度も何度も短いシーンをくり返したり、全体を通したり、その配分も演出家によって異なるが、とにかくこの稽古の時間をいかに過ごすかが、本番の成否を決めるのはいうまでもない。

稽古のあいだに自分で見つけていくもの

稽古着は、役の衣装による。ジャケットを着る役なら似たものを着るべきだし、長いスカートを穿くなら、稽古中からその長さに慣れておく必要がある、和服ならなおさらだ。履物も同様。小道具もまずは自分で用意する。俳優として最低限やっておくことだ。

衣装は、プランナーがいる場合は、その人が考えてくれるが、自分で考えなければならないこともある。衣装の趣味で、その人がわかることもある。プランナーがいるいないにかかわらず、どんな衣装を着るか考えるのは、役づくりのうえからも大切なことだ。

衣装をはじめ、あらゆる方向から自分の役を探り、見つけていく。血液型占いを信じている人なら、この役は何型かでもいい、好きな音楽、嫌いな食べ物、そういうことを考えてみてもいい。演出家によっては、そういうアプローチはナンセンスという人もいれば、逆に細かく役の人物の履歴書を書かせる人もいる。作品により、たとえば現代劇か、古典劇かによっても、うまくいく場合とそうでない場合もある。

とにかく、これをすればすべてがわかるといった方法はない。だから試す、大胆に繊細に、稽古場の過ごし方の鉄則だ。

劇場入りの日がくる

6　場当たり

いよいよ劇場にはいる。セットが組まれている。照明が入ってくる。そのなかで、稽古場で作り上げてきたことを、その通りに、いやそれ以上にできるか、照明、音響との関係、登退場の道のり、あらゆることをチェックする。稽古の時から、演出家と俳優のあいだに立って、舞台がうまく進むように、労を惜しまずつきあってきている舞台監督は、この場を仕切る頼もしい味方だ。

稽古場が劇場と同じ大きさという幸福は、そうあるものではない。まして、セットもその通り稽古場にあるということも。劇場にはいって本番まで、たいていはそう何度も稽古ができるわけではない。だから、この間に体を舞台になじませなければならない。

7　舞台稽古（ゲネプロ）

本番通りに衣装、メイクをつけての通し稽古。思わぬ失敗をすることもある。でもここで失敗しておいたほうがいい。失敗も含め、本番前の最終調整の場だ。メイクは舞台の場合、基本的に自分でする。美術家がメイクプランを出してくることもあるが、たいていは自分で考え、舞台稽古で演出家のチェックを受ける。もちろんただぬりたくればいいわけではない。その役づくり、作品全体のコンセプトを理解したうえで、ていねいにする。ただし時間をかければいいというものでもない。メイクを見て俳優がその役や作品をまったく理解していないことがわかって愕然としたという演出家もいる。最近は現代劇の場合、男性はほとんどノーメイク、女性もそのまま街を歩いても、浮かない程度のメイクという作品も増えている。もちろんメイクの有無にかかわらず、自分の顔を知っておくことはむだではない。

ゲネプロが終われば、あとは本番。ここまでで通常は1カ月半が経っている。いよいよすべてを出す時がきた。

8 本番

観客が入る。俳優はその反応に乗ったり戸惑ったりする。観終わった後の感想に一喜一憂する。でもとにかく稽古でしてきたこと、相手役、自分自身を信じて、何より作品を信じて、毎日の舞台を生きる。

現実的かつもっとも大切なこと、遅刻をしない。開演の少なくとも2時間前には劇場入りして、ウォーミングアップをする習慣をもつこと。健康管理も大切な仕事だ。劇団公演などの場合、この俳優としての仕事のほかに、スタッフの作業が加わることもある。道具作り、衣装作り、舞台の仕込み、そしてバラシ、これがなかなか大変だ。スタッフワークを覚えることは決してむだではない。ただしかかわり方ひとつで自分のためにもなれば、疲(つか)れるだけで終わってしまうこともある。でもスタッフの仕事も含めてやっていてわくわくするようでなければ、舞台(ぶたい)が好きとはいえないだろう。

映像作品での俳優の仕事

映画にしろ、テレビにしろ、観客の代わりにあるものはカメラだ。そして、舞台(ぶたい)と違って、たいていの場合、稽古(けいこ)期間というものがない。テレビは、たいてい撮影日(さつえいび)に、ドライリハーサル（そのセットで撮影(さつえい)するシーンをざっとあたる）、テスト（撮(と)るシーンそのものを本番通りに行う）、ランスルー(カメラの前での最終テスト）といって、もう本番。ロケーションの場合はいきなりテスト、そして本番。ディレクターや作品によっては、リハーサルを別の日にきっちりする場合もあるが、それにしても舞台(ぶたい)のように1カ月におよぶ稽古(けいこ)などまずない。映画の場合も同様で、テスト、ラストテスト（本テスト）そして本番。リハーサルをする監督(かんとく)は、そう多くない。

準備は怠(おこた)りなく

俳優は現場に来るまでに、台詞を覚えてくるのはもちろんのこと、自分でどう演じるかも考えてこなければならない。舞台の稽古に一カ月要することを、1回かそこらのリハーサルであげなければならないからだ。

自分の役についての準備は、現場に来る前にしておく。しかし、現場に来て監督が要求するイメージに、即座に応えられるような柔軟性がなければならないのだ。ことに映画では、舞台以上に監督の権限は大きい。もちろん、監督とのあいだでその役について話し合い、おたがいに納得したところで撮影に入れれば最高だが、はじめて映画に出るようなとき、そのようなことはなかなかできない。俳優は万全の準備をしたうえで、自分を白紙にして撮影現場に臨んでいくというわけだ。そのためには台詞のいろいろな言い方を試したうえでこれだと思ったものをピックアップする。言い方といったが、それはその役の人物がおかれた状況への態度が決めてくれる。だからその態度、また性格といったものも何通りも考えてみるということだ。そして選んだひとつを、これしかないという思いきりで話す。もし監督のイメージと違った場合には、家で考えたほかのやり方が役に立つ。

撮影の進み方

撮影はワンシーンごとに進んでいく。シナリオの順番通りに進める（順撮り）こともないわけではないが、多くの場合、同じ場所のシーンを続けて撮ってしまう関係上、シナリオの順番とは違ってくる。極端な場合は、いちばん最初のシーンと最後のシーンが同じ場所なら、それを続けて撮ることだってないわけではないのだ。

ここでも家での準備がものをいう。自分がそのときどきにおかれた状況をしっかり把握していないと、不安で不安でたまらなくなる。そうでなくても、カメラの前は独特の緊張感が漂う。自分をとりまく大勢のスタッフ、「用意」という声がかかったあとの不気味なほどの静寂。しかもシーンはそう長いものではない。カメラが回り出したら、あっという間だ。そのなかで、その人物のすべきことをするなんて、なまやさしいものではない。準備は怠りなく。

気持ちの流れをしっかりつかんでおくべきなのは、撮影の順序のためだけではない。ひとつのシーンを撮影するさいにも、舞台以上に細かく、立つ位置から体の向きなどが決められてくる。そして、たいていは同じシーンをカメラの位置を変えて何度か撮影することになるから、そのたびに、同じことがくり返せなくてはならない。自分の手の位置からその時の視線、そういったことを記憶したうえで、その人物の感情でくり返すことも映像の俳優に求められることなのだ。

自然に演じる

映像では、基本的にはさらに自然な演技が要求される。舞台でもそういった作品は多いが、カメラはクローズアップというものもあり、ほんのささいな動きも見逃さないから、わざとらしい動きが少しでもあったら、もうおしまいだ。先にも書いたように、これは映像の演技にかぎったことではないが、悲しいシーンで、悲しそうに台詞をしゃべったりしないというようなことだ。つまり、現実の生活でたいていの人は悲しみを隠そうとする。泣くまいとする。それでも悲しみはあふれてきてしまう。ほんとうに悲しい時に、自分がどれだけ悲しいかを悲しい声音をわざと使って説明しようとはする人はほとんどいない。けれどカメラの前や舞台の上ではとても多い。それは「くさい」とか「わざとらしい」と名づけられることになる演技の見本だ。

舞台と映像、その共通点

舞台と映像で共通していえることは、息づかいである。基礎訓練のところで詳説するが、大きな劇場でも表情は見えなくても息づかいは伝わる。カメラの前でもわざとらしくならないためには、その状況でする息の仕方を見つけることだ。呼吸とともに表情は自然に変化する。台詞のないシーンを撮る時、特にこれは役に立つ。

感情が変わる時、呼吸が変わる。そして観ている人間に同じ呼吸をさせてしまう。その時観客は、その俳優の生きる世界に飛びこんでくるのだ。

その他の現場

岸田今日子さんという今は亡き大女優は、ラジオドラマが俳優にとっていちばん勉強になると言われたが、今でも、オーディオドラマとして、俳優の大切な現場になっている。ほかにも、オーディオエンターテインメントのジャンルの拡大から、朗読、ナレーションなど、声の仕事は多岐にわたる。声といえば声優と思いがちだが、実は声優も俳優のひとつのジャンルであり、その境界は今やほとんどないと言ってもいいだろう。

テーマパークでも、ダンサーだけでない、俳優としての仕事もあり、体験型のエンターテインメントの進化は、俳優の活動の場の拡大につながるかもしれない。

ゲームでも、鎌滝さんも出演した、俳優をスキャンしてモデリングされたキャラクターが登場するようなものもあり、新たな現場ともいえるが、３ＤＣＧの進歩が俳優の現場を脅かしていることも先述した通りである。

俳優の訓練

俳優になるには、どんな訓練が必要なのだろうか

演技の分析

俳優、演技、そしてその訓練について分析し、検証したのがロシアの演出家コンスタンティン・スタニスラフスキーである。19世紀末から20世紀にかけて活躍した彼は、それまでの商業主義、スター主義、芝居がかった大仰な演技を批判し、役を演じるというより、役の人物の感情を、俳優は生きるべきだとして、その方法を体系化した。この演技法はスタニスラフスキー・システムと呼ばれ、世界的に広まった。ことにアメリカでは、これをさらに合理的に体系化した「メソッド」と呼ばれる演技法がアクターズ・スタジオのリー・ストラスバーグにより確立され、よりリアルな役づくりの方法は映画界でも多く取り入れられた。

スタニスラフスキーの演技論

スタニスラフスキーは、俳優が役の人物に与えられた状況に、実生活で自分がおかれたらどんな感情が動くのか、どんな行動をとるのかといったことを考えながら役づくりをすべきだと説き、その方法を体系化した。しかし、あくまでこの方法は、当時盛んだったリアリズム演劇のためのものであり（その応用のメソッドもそのため映像の演技にも活用されたのだが）シェイクスピアのような作品に取り組むさいにはそれだけではたりない。そのため、スタニスラフスキーのもとで学んだ演出家マイケル・チェーホフは想像力を育てる訓練法をつくりあげた。その後もさまざまな方法が編み出されているが、演技法にはひとつですべてをまかなえる万能のものはないといっていいだろう。

ことに日本の場合、戦後すぐはスタニスラフスキー・システム全盛だったり、一時期はメソッドが流行したりした。が、日本独得の求道的な精神といったらいいだろうか、能、歌舞伎の芸道を極めるといった伝統がどこかに影響しているようで、あくまで手段である訓練法がそれを極めるといった目的に化してしまうようなところもあって、なかなかうまくいっていないのが現状である。

日本の俳優の訓練とは

日本ではそういった理由もあって、いわゆる体系だった訓練法はないと言えるだろう。演出家の鈴木忠志氏が確立したスズキ・トレーニング・メソッドは独自の方法論を展開し、海外でも注目されているが、演出家、俳優たちがそれぞれの方法でそれぞれの場で俳優の訓練をしているのが現状である、とはよく言われることであるのだが、実は日本には、スタニスラフスキーより500年ほど前に世阿弥という能楽師が著した『風姿花伝』というすばらしい演技論がある。そこには「初心忘るべからず」や、「離見の見」という「演技者は自身の演技を客観視すべし」といった、われわれの演技にも通じるものも多い。俳優を志すならぜひ読むことをお勧めしたい。ただ先述した通り、道を究める、師弟間での口伝といったいわゆる「芸道」の伝統が、今に生きていることの弊害もある。ハラスメントを生み出すひとつの要因になっていることも否定できない。そういう意味では、今は俳優訓練についても過渡期であり、指導する側もあらためてその方法を摸索しているのが実情である。

俳優の基礎訓練

新国立劇場の演劇研修所には3年間の研修期間があるが、「声」「声とことば」「歌唱」「ダンス」「アクション」「トレーニング」といった声づくり、体づくりのトレーニング、「日本舞踊」「狂言」「所作」という日本の伝統芸能からの学び、「マイズナー・テクニック」「アレクサンダー・テクニーク」といった海外で開発された俳優のパフォーマンスを調整する方法、そして「戯曲研究」「シーンスタディ」（ある場面を演じてみる）など戯曲への取り組み、さらに俳優を支える仕事への理解を深めるような授業が組まれている。俳優養成機関で行われているものも、たいていはここに記したものであるが、内容については、講師によってさまざまである。

筆者自身の経験からいえることは、俳優の基礎訓練は、まず自分の体を知り、その体と心のつながりを確かめ、さらにそこから言葉につなげていく方法を身につけること。戯曲を読み、作者の思いを感じ取り、役の人物に寄り添うための道筋をつけること。この二点である。そういった目的意識をもって臨むことが、訓練の成果をあげることになるだろう。

そして、ダンスや歌唱といった、できないことがはっきりわかり、練習の成果もみえるものには、ぜひ取り組んでほしい。それは城田優さんのいう、「弱音を吐いてる暇があるんだったら、やれ！」にも通じるし、いきなり抜擢された井上芳雄さんを支えたものでもあるのだ。後述の橋本じゅんさんの筋トレも同様、さまざまなレッスン、トレーニングを通して、できないところから自分自身に向き合い、体や心の扱い方を学び、その可能性をひろげていくことが重要なのだ。また戯曲に取り組むうえでは、読書の習慣がものをいう。そして人の心に寄り添うということは、日常生活における人とのかかわりから学ぶことが大である。生きることそのものも含め、俳優になるためにむだなものはない。

もうひとつ、これも城田さんも言われていたが、観る。最近は過去の名演が手軽に動画配信サービスで視聴できる。もちろん劇場や映画館で観るのがいちばんだが、とにかく観ることだ。さらに文楽、落語、講談、ダンス、音楽、絵画といったほかの芸能、芸術にふれてみることも大事にしてほしい。

健翔五則より

筆者が俳優基礎訓練を行うさいには、こんな呼び方をして五つの方法を伝えているが、ここではそのうちの二つを記してみよう。

●「感情と呼吸は比例する」

自分の心が動かされる時、その大きさに比例して、息が入ってくることを感じてみよう。

息をのむ美しさという言葉もある。息という字は自分の心と書くではないか。つまり息づかいは心づかいなのだ。この息にのせて台詞を言う、歌う、踊る、これが結果的に心をともなうものになり、人の心を、つまり息を動かすことになるのだ。よく心をこめてというが、ていねいにという意味ではいいが、台詞に心をこめようなどと思ってはいけない。心はおのずとあふれてくるものでなくてはならない、そのためには息なのだ。これは井上芳雄さんが影響を受けた演出家の言葉にもあったが、生まれてからずっとしてきているのに、芝居となるとその息を忘れがちなのだ。その場にふさわしい、その人物にふさわしい息ができれば演技の7割はできるといっても過言ではない。

●「アクションとリアクション」

俳優はアクターとよばれる。アクションをする人という意味だが、アクションを演技と訳してしまうと、演技が「ふり」と思われがちになる。アクションとは動かすこと、リアクションとは動かされること。そんなアクションが、アクターの仕事だととらえたほうがいい。美しい景色に息をのむ、これがリアクション。それをとなりにいる、まだ気づいていない人に伝える、「ねえ見て」という台詞はアクション、つまり相手を動かしている。台詞も歌も動きも、リアクションかアクションのどちらかと思っていい。

「ねえ見て」も、あまりの美しさに思わず発したとすれば、リアクションの台詞になる。

まず自分でそれを決めていくことが、演技を具体的なものにしてくれる。演出家のイメージと違った場合、アクション、リアクションの選択を変えてみるのもいいだろう。

自分を掘るか、他人を着るか

もうひとつ、役づくりのアプローチについて。自分を掘るとは、自分の役が向き合うできごと、人物を自分の過去のなにかに置き換えてみる。以前、大学の公演にむかう稽古で、こんなことがあった。シェイクスピアの「ロミオとジュリエット」という恋物語は聞いたことはあるだろう、ぜひこれも読んでおいてほしいのだが、そのなかで、ジュリエットが恋するロミオを思って発する有名な台詞がある。「おおロミオ、ロミオ。どうしてあなたはロミオなの」。これだけの恋の思い、実生活ではそうそう感じるものではない。ましてや「ロミオ」と言ってもピンとこない。そこで、自分のとにかく好きなものの名前をまず叫んでもらった。三人のジュリエット候補がいたのだが、一人目、二人目は「推しの」アイドルの名を呼んだ。三人目は、「骨付きカルビ！」と叫んだ。結果禁じられた恋という状況では、この高カロリーの大好物こそいちばんロミオにふさわしく、この学生がジュリエット役になった。これが自分を掘る。

他人を着るというのは、自分の役が、どうしても自分のなかに見つからないといったとき、物まねでいいから、誰かその人物にふさわしい実在の知人になってやってみる。その姿勢、息づかい、視線といったことをまずはすっかりコピーしてみるのだ。これは筆者がかつて、チェーホフの『かもめ』の、劇作家志望のトレープレフという役に取り組んだ時、悲恋の男を思い入れたっぷりでやっては失敗するなかで、ある日、かつてそばで見ていた寺山修司（この人の文章もぜひ読んでおいてもらいたい。戯曲、短歌、俳句、エッセイ、演劇論、若いうちに出会うには最高の人物）の口調、姿をすっかり真似してやってみたのだ。すると、おもしろいくらいにはまって、はじめて尊敬する大先輩に認めてもらえた。実は寺山さんにはチェホフ祭という短歌集もあって、「着る」にはうってつけだったのだ。動物を着る手もある。猫、犬、鳩、そのリズムや動きを、二足歩行に還元して試してみると、これもおもしろいアプローチになる。

基礎訓練に臨むにあたって

それぞれの場所で、それぞれの方法がとられている。まずは、先入観を捨てて飛び込み、取り組むことだ。とにかく言われたことを夢中になってやってみる。そのなかで特に自分を動かしてくれるものに出会ったら、とことんつきつめていくことだ。そのさい大切なことは、まず聞くこと。「よく聞いて」という注意は、台詞、歌、ダンスのあらゆる場面で

料金受取人払郵便

本郷局承認

6276

差出有効期間
2025年9月30日
まで

郵便はがき

113-8790

(受取人)
東京都文京区本郷1・28・36

株式会社 ぺりかん社

一般書編集部行

購入申込書	※当社刊行物のご注文にご利用ください。
書名	定価[円+税] 部数[部]
書名	定価[円+税] 部数[部]
書名	定価[円+税] 部数[部]

●購入方法をお選び下さい (□にチェック)	□直接購入(代金引き換えとなります。送料+代引手数料で900円+税が別途かかります) □書店経由(本状を書店にお渡し下さるか、下欄に書店ご指定の上、ご投函下さい)	番線印(書店使用欄)
書店名		
書 店 所在地		

書店様へ:本状でお申込みがございましたら、番線印を押印の上ご投函下さい。

※ご購読ありがとうございました。今後の企画・編集の参考にさせていただきますので、ご意見・ご感想をお聞かせください。

アンケートはwebページでも受け付けています。

URL http://www.perikansha.co.jp/qa.html

書名 No.

●この本を何でお知りになりましたか?

□書店で見て　□図書館で見て　□先生に勧められて
□DMで　□インターネットで
□その他 [　　　　]

●この本へのご感想をお聞かせください

・内容のわかりやすさは?　□難しい　□ちょうどよい　□やさしい
・文章・漢字の量は?　□多い　□普通　□少ない
・文字の大きさは?　□大きい　□ちょうどよい　□小さい
・カバーデザインやページレイアウトは?　□好き　□普通　□嫌い
・この本でよかった項目 [　　　　]
・この本で悪かった項目 [　　　　]

●興味のある分野を教えてください(あてはまる項目に○。複数回答可)。
また、シリーズに入れてほしい職業は?

医療　福祉　教育　子ども　動植物　機械・電気・化学　乗り物　宇宙　建築　環境
食　旅行　Web・ゲーム・アニメ　美容　スポーツ　ファッション・アート　マスコミ
音楽　ビジネス・経営　語学　公務員　政治・法律　その他
シリーズに入れてほしい職業 [　　　　]

●進路を考えるときに知りたいことはどんなことですか?

[　　　　]

●今後、どのようなテーマ・内容の本が読みたいですか?

[　　　　]

<table>
<tr><td rowspan="2">お名前</td><td>ふりがな</td><td rowspan="2">ご職業・学校名</td><td rowspan="2"></td></tr>
<tr><td>[　　歳]
[男・女]</td></tr>
<tr><td>ご住所</td><td colspan="3">〒[　　－　　]　TEL.[　　－　　－　　]</td></tr>
<tr><td>お買上書店名</td><td colspan="3">市・区
町・村　　書店</td></tr>
</table>

ご協力ありがとうございました。詳しくお書きいただいた方には抽選で粗品を進呈いたします。

うけるが、聞こえてはいるので、とまどうことも多い。それはつまり、聞くように言われた内容、相手の台詞や音楽に影響を受けていない、自分の行動に変化が見えないということなのだ。基礎訓練の間に、この「聞く」、「聴く」力を身につけるように心がけよう。

台本の読み方――芥川比呂志さんの言葉より

訓練法の最後に、台本の読み方について、その舞台との出会いが筆者の人生を大きく変えた、芥川比呂志という、作家芥川龍之介のご長男で、俳優で演出家だった方の言葉を、紹介したい。役を演じるとは、「一日の内の何時間かを費やして、ある架空の、想像的な生活を、繰り返し、同時に毎日新しく行う」と書く芥川さんの著書『決められた以外のせりふ』に収められた「戯曲を読む」から引用する。

「役者は作家の精神と心情の所産である戯曲の世界を眼のあたりに実現させるために、戯曲を読みます。

戯曲の中には人物達がいます。彼等の行動や生活や、運命や、その周囲にある架空の世界は、あらかじめ定められております。そういうものを、役者は、やがてかけがえのない自分の現実として生きるために、戯曲を読むのです。

役者は繰返して戯曲を読み、戯曲の中へ入ってゆかなければなりません、そして、本来自分のものではない行動や、生命や、運命や、世界を、完全に自分のものにして、戯曲から出てゆかなければなりません。それらのすべてを、自分の内部へ吸収して、自分の肉体と心情との内に滲み通らせて、戯曲の向う側へ、現実の対岸へ、演劇的現実の方へ出てゆかなければなりません。そして、あたかも元の書かれた戯曲が存在しなかったかのように、自由に感じ、行動し、生きて見せなければならないのです。

いわば役者は、そこに書かれてある言葉を、もっとも生き生きと、正しく語り得る身体と心の状態をつくりあげるために戯曲を読むのです。」

偉大な文学者を父にもつ芥川さんの魅力的な文章も、内容ともども味わってほしい。これまでは、体を中心に俳優へのアプローチを説いてきたが、やはり同時に文学的な感覚も育てていってほしいと思うからである。

芥川さんの言葉で私が好きなものに、「口が喜ぶ」というのがあるが、これは、美しい、魅力的な台詞を口にする時に感じる快感を言ったもので、こんな喜びが感じられるように、言葉に親しんでほしい。そのためにも戯曲に限らずさまざまな書物に出合って、いろいろ味わってほしい。

もう少し、「戯曲を読む」からひいてみよう。

「はじめて台本を読むときには、一定の速度で最後までずっと読んでしまいます。分からない所や、ひっかかる所が出てきても、立止ったり、後戻りしたりせずに、とにかく終りまで読んでしまうのです。（中略）途中邪魔が入ることは、むろん禁物です。（中略）芝居は、容赦のない時の流れの中に、あるときは速く、あるときは遅く、その作品に固有の速度と調子で展開され、一定の時間内に終了すべきものです。戯曲もまったく同様で、どんなにすぐれた戯曲でも、その作品の固有の速度を壊すほど速くあるいは遅く読んだり、たびたび中断しながら読んだりしては、その本質にふれることができず。一向に感銘が湧かないからです。」

要は観客席にいるように、一気に読むということが大切なのだ。そして二度目からは、「念入りに、すみずみにまで気を配って」読んでいくのだが、「すべての劇中人物は、はじめから、それぞれの生活と運命と役割とを担っています。彼等は書かれたように生れついているのです。」

そのもって生まれたものをつかむにはどう演じようかといった役者の気分を捨てて、想像力を絶えず働かせて読むことが大事だとして、「私は戯曲の状況のなかへ、自分を置いて、ひとつひとつのせりふごとに、そういうせりふを口にする生身の人間、あるいは生きものの形を、想像しながら、自分の体で感じるようにしながら何べんも繰返して読みます。」ここでやはり体の登場である。さらに芥川さんは、人物の生理に踏みこむことの大切さを説き、「書かれた言葉を語られる言葉として想像すること、せりふの結晶を解いて、せりふになる以前の混沌とした生命の状態に還元すること、生きた人間のイメージをつくることが必要」だとする。そういったことを大事にしていけば、台詞を発していない時も、そこにその人物として存在できるとして、「役のイメージは、せりふを深く読むことによって存在を探り、存在をつかむことによってせりふを正しくつかむという往復運動のうちに、次第に明確になってゆくのです。」

つまり何度も何度も読む、そのことで自然と台詞が身についてくる、覚えるために覚えるのではない、台詞との付き合い方を覚えてほしいと、芥川さんの言葉を紹介しながら思う。

俳優をとりまく人びと

現場で協働するスペシャリストたち

演出家（舞台）・監督（映画）・ディレクター（テレビなど）

ジャンルで呼び方は異なるが、俳優にとって、もっとも深くかかわる存在。その仕事は、なぜ今この作品なのか、誰と、どんなスタイルで、どのような作品にしていくか、作者の思いに寄り添い、現実世界の様相を敏感に受け止めながら、作品世界のありようを決め、全体に共有し、それぞれの仕事を見渡しながら、互いになすべきことを明らかにしてはそれを日々実践する場をつくることと言えるだろうか。また、「最初の観客」と呼ばれることもあるように、観ること、聴くことを通して、演出家はそれぞれのスタイルでよりよい作品世界の構築に務めている。かかわり方については、本書のさまざまな場所で語られている。

劇作家（舞台）・脚本家（映像）

舞台では、何世紀も前の外国の人から同世代の人まで、時には、作・演出といったかたちでかかわる人までさまざま。現場に来て直接俳優に接する人と、現場にはほとんど顔を出さない人と、こちらもさまざま。本人を目の前にしようがしまいが、いずれにせよ、俳優は、配役された、作者のつくりあげた人物に限りなく近づこうとすることが大切である。うらじさんのお話にあったように、一字一句一切変更を許さない人と、そうでない人、また演出家のほうで、そのことを判断する場合もあるが、基本的には、まずきちんとその言葉を発することができるようにすることから始めるのがいいだろう。

舞台監督・演出助手（舞台）・助監督（映画）・アシスタントディレクター（テレビ）

俳優にとってのさまざまな注意点、留意点を指摘してくれる。舞台の現場では、舞台監督と演出助手の仕事は重なる部分も多いが、舞台監督は、劇場入りしてからは、すべての中心となる。映像では、助監督、アシスタントディレクターがその任にあたっている。現場でもっとも頼りになる存在である。一章の鎌滝さんのように助監督の仕事もしながら、現場で何が大切とされているか知ろうとする人もいれば、舞台演出部の一員として働く人もいる。舞台の仕込み、バラシといった準備と撤収のアルバイトをしている俳優も多い。

振付師

ダンス場面がある場合には、欠かせない存在。その付けられた動きを覚えるのはあたりまえ、できるのもあたりまえ、そのうえで、その場面にふさわしい動きとなるように、あたりまえをあたりまえにするための稽古は欠かせない。

音楽監督・歌唱指導

こちらも「あたりまえ」が大前提。後述の橋本じゅんさんのお話が多くを教えてくれる。

殺陣師

擬闘、ファイティングなどいくつかの呼び方があるが、格闘シーンには欠かせない仕事。危険がともなうものだけに、万全の準備をして、精確に迫力ある場面にしなくてはならない。ここについても橋本じゅんさんのお話が参考になる。

カメラマン（キャメラマン）

　これは映像特有の存在である。どこにあって、どう狙われていて、といったことも考えながら、まるで考えていないように演じることが大事になる。ところで、本書には息という言葉がたびたび出てくるが、もともとこれは筆者が刑事ドラマで刑事役になり、ある証拠物件から事件の手がかりを発見し、台本には「…！」としか書かれていないシーンの撮影でNGを連発。ディレクターには、「もうちょっとなんとかなりませんかねえ」と言われ、眼をむいたり手をあげたりと悪戦苦闘。そのときカメラマンがひと言「それじゃ寄れないんだよ」。ますます焦ってさらにNG重ねるなかで、ようやく証拠を見て、ひらめいて息を吸った。「OK！」。現場全体に「やれやれ」という空気に満たされるというなかで、「息」の大切さを思い知らされ、それ以後「息」「息」と言い出したのだが、チェックでOKテイクをみると、まさに吸う息に合わせてカメラが寄ってくれていた。なので、その場面、その役にふさわしい息をカメラは狙っていると言ってもいいだろう。ちなみに映画の現場はスチール（静止画）を撮影するカメラマンに対し、動画撮影は、キャメラマンと呼ばれることが多い。

衣装・ヘアメイク・床山

舞台では自分ですることも多いが、身につけるものにかかわるだけに、とても近い存在である。床山さんは、かつらをつける場合にお世話になる。づらとは決して言わないように。「頭」と呼ぶ方もあり、そういった方々はメイクを「顔をする」という。

美術・照明・音響効果・音声（映像）

俳優が役として生きる環境をつくりだして、その演技を助けてくれる。どこまで、その中にそのものとしていられるか、わかりやすい例でいえば、舞台でちゃんと照明が当たる位置に立てるか（ある照明家は「いい俳優は」という問いに、「明りの中にちゃんと入ってくれる人」と答えた）、それも含めて演技力なのだ。ここでも、俳優の息が、それぞれの変化のきっかけになるので、ふさわしい息を忘れないように。

大道具・小道具

俳優がたとえばそこに立ち、また手にするもの。どこまで自分の居場所、持ち物として実感できるか。それを用意してくれる方とのコミュニケーションも大切に。

プロデューサー・制作

企画、配役、スケジュール、チケットと、俳優にとって、近づきがたかったり、身近だったり、人、現場それぞれであるが、いずれにしても俳優が俳優であるために欠かせない存在。余談であるが、筆者が演出家で配役をプロデューサーと相談していて迷っていると「この人はチケット売れますよ」と推したことをそっと伝えておこう。

マネージャー

事務所に所属している場合、オーディションも含めて、仕事の窓口になってくれる。出演交渉、さまざまな条件など、俳優の立場を守りながら、俳優としてのキャリアを積み、築くことを助けることを職業にしてくれているありがたい存在。そう思えるような、そしてそう思わせるような信頼関係をつくれるように。

＊衣装、美術、照明、音響効果といった仕事では、デザイナーと呼ばれる方がいて、ことに衣装デザイナーとは直接やりとりすることも多い。また、デザイナーに限らず、スタッフの方が声をかけてくれることがある。それはとてもありがたいものである。

ミニドキュメント

舞台、ミュージカル、テレビ、映画それぞれの現場

それぞれの現場で俳優の取り組みはどう変わるか

俳優 橋本じゅんさん

舞台、テレビ、映画と大活躍する橋本じゅんさんは、それぞれの現場で、どのように取り組んでいるのだろうか。先述したことと重複することも多いが、橋本じゅんという舞台にテレビに映画にと、幅広く活躍する俳優のやり方を通して、現場でのあり方をあらためて辿っていこう。

19歳のころは京都の東映太秦撮影所で、大部屋にいたという橋本じゅんさん。主役クラスの俳優、脇役を務める俳優とも、役にも扱いにも雲泥の差があるのだが、大部屋俳優のなかにも雲の上の存在という人がいて、そこから格付けされていく縦社会のいちばん下にいたじゅんさん。現場には、ガンガンと呼ばれる暖を取ったり煙草を吸ったりするための缶があり、そこを役者たちが囲むのだが、大

部屋は大部屋で伝説のような主が中心にいて、それをまるでバームクーヘンのように大部屋俳優が取り囲む。そのいちばん外周に19歳のじゅんさんはいる。スターはもう別次元、役付きの役者、テレビや映画で観る人たちは、動物園のパンダやゾウやキリンを見るような感じだった。

　そんな時、まだ15、6歳で当時人気絶頂のアイドルがゲストで来た。と、じゅんさんのいるバームクーヘンがさっと開き、その中心にいた主が、アイドルに歩み寄って深々と最敬礼、アイドルはそれを軽くあしらう。それを見て、どんなにがんばっても敵わないんだと悟り、じゅんさんは撮影所を去ったのだという。

「公務員試験を受けて、安定した生活を送ろう、高卒よりは待遇がよくなるから、大学には行こう」と思い、高校時代にバンドをやっていた時、ステージ空間がいいなと感じたことを思い出して、大阪芸術大学舞台芸術学科ミュージカルコースに入学した。

　そこで観た劇団☆新感線の舞台に驚嘆。しかもその舞台で輝いていた俳優、渡辺いっけいさんが、翌日学食でご飯を食べている。

「嘘だろう、学生であんなことができるのか。自分ももしがんばってああいうふうになれるのなら、いっぺんやってみたい。太秦撮影所での経験で、そういう派手なこと、テレビや映画に出るといったことはさらさらないと思っていたんですが、これならやってみたいと思って、入れてくれって言いに行ったんですが」、3章に登場する主宰者のいのうえひでのりさんに断られる。そして、やはり先輩で岩崎正裕さん主宰の劇団太陽族に参加してみたが、怒られっぱなし、舞台に砂を敷きつめるなど仕込みも大変。「東映で挫折して、ここでも何もいいことないじゃないか。同期の古田（新太）君は、兵庫県の高校演劇連盟の会長で、鳴り物入りで大学に来て、主役で新感線と太陽族かけもちしている。学内公演で主役をもらっても、終わって先生にあいさつに行けば、『お前はだめだったな』とひと言。もうほんとうにだめだなって」最後だと思って参加した太陽族の舞台で、演劇祭の個人賞を受賞。新感線入団を許され、俳優橋本じゅんの活躍が始まるのだが、「うねうねうねうね」とご本人が言う雌伏の時から、今に続く大切なことを見つけたのだという。

「自分が落ち込んでいた時に、先輩の（やはり3章に登場する南河内万歳一座主宰）内藤（裕敬）さんのひと言『肉で押せ、肉で！』を信じて、ひたすら筋トレに明け暮れて。でも、それでおもしろかったのが、たとえば、あと10回やってみようってやれた時、風呂上がりにも似たこの喜びって、何かを成し遂げた時に、人はきっとこういう気分になるだろう、といった具合に、自分の体を使って、いろんな心情の疑似体験ができることに気づいたんです。もうこれ以上は無理だっていう時、ほんとに悔しい思いってこういうことなのかなとか、辛いってこういうことなのか、自分の体と知り合うことで、自分の気持ちと知り合っていく。これぐらいでやめとこうって思ったら、何にも残らないんですよね。昨日1時間やったものが、今日1時間半やれたといった気持ちを、役の表現としてフィードバックする」。確かにトレーニングに夢中になると、喜怒哀楽が味わえる。さらに、慎重さも、ていねいさも、そしてもちろんパワフルさも。

「志すことも、夢を見ることも、落ち込むことも、あきらめることも。結果が体に現れるだけに、そういった成功体験を積み重ねることで、ボディーのみならずマインドも強くなっていく」という、存在感ある俳優として、さまざまなジャンルで活躍する「存在」のベースが明かされたわけだが、じゅんさんはこう続けた。

「好きなことをやる時には必ず面倒くさいことがついてくる、それはロングランに対応する体づくりなんです。明日も明後日も舞台に立たないと、生活が成り立たない。1回や2回だけ舞台に立って満足する、それでいいんだったら、そんな体のことなんて言わない。『怪我に気をつけてね』くらいしか言わないです。だけど、ロングランしたいなら、体をつくろう。自分の体に、たとえば柔らかさ、もしくは強さがついてくると、今までできなかったような体の形とか動きをつくれるようになるんです。自分の体を自分の意志で変えていくことによって、好奇心も広がる。動物の擬態だって」と、突き詰めていくなかで、とうとう劇団☆新感線の舞台では、馬の役まで演じることになったのだという。ではその新感線から始めて、絶賛「ロングラン」中の、橋本じゅんさんのそれぞれの現場での取り組みを見てみよう。

演劇の現場

○劇団☆新感線の場合

大阪芸術大学舞台芸術学科の学生劇団から始まった劇団☆新感線の稽古場は特殊だという。

古田新太さんとともに劇団☆新感線の舞台に出演する橋本じゅんさん　劇団☆新感線『五右衛門 vs 轟天』

「演出のいのうえさんが自分で動いて、口立てでやられるんです」

「口立て」とは、主宰するいのうえひでのりさんが多大な影響を受けた劇作家・演出家のつかこうへいさん（この方も覚えておいてほしい）のやり方で、その場でつかさんが、台詞を言って俳優がそれを一言一句その通りくり返していくというものだが、いのうえさんは作家が書いた台詞を覚えたうえで、それに動きもつけてやってみせる。「それを役者がトレースするというのが、学生時代から今に至るまでのやり方」なのだという。そうするとどういうことが起こるか。

「いのうえさんに言われた通りやるんだけど、それを自分のなかできちんと落とし込んでいく過程で、なぜここまで動く必要があるのか、この瞬間いったい何を感じているのか。この人はたとえば、攻撃的なのか、ネガティブなのか、こういう動きをする人ってどこをゴールにしているのかって、つまりは役づくりですね。それを、式を解いていくんじゃなくて、答えから教えられるので、いろんな式を自分のなかでつくることができ、こういう式を作っても答えはこれになる、このやり方でも答えはこれになる。一つの式を教えられて、答えを出してOKっていうことじゃなかったっていうのがおもしろかったし、ちょっとユニークな俳優人生になったと思いますね」

答えが決まっているからこそ、さまざまな式を思いつく、つまりいろいろなやり方を考える方法が身についたのだという。確かに、いのうえさんのような演出家はそう多くない。だが、先述したように、俳優が準備したものと、演出家の意向が違う時に、すぐ別の方法ができるということはとても重要になってくる。「それがだめならこれ、これがだめならあれとアプローチを全部変えて、正しく間違うと、正しいだめ出しが返ってくる。サイコロは振ってみなきゃわからない。野球でいうと、思いきり流し打ちしたり引っぱったりして、ファウルラインを確認するような意図ですね」

どこまでがセーフでアウトなのかを、みずから提示して演出家の意見を引き出すという、じゅんさんの「正しく間違える」、この独特の言い方は、間違えることを恐れず、己の正しいと思うことをやってみるという稽古に臨む基本姿勢をみごとに表明している。「サイコロ振りまくりの長い旅でした。そしてつまりは物語の構造や演出の方向性に対する理解不足こそが、すべての失敗の原因であるという、とてもシンプルな理屈にやっと辿り着きました」

○ミュージカル『レ・ミゼラブル』の場合

世界中で上演されているミュージカル『レ・ミゼラブル』にテナルディエ役で出演したじゅんさん、ミュージカルの現場ではどのように取り組んだのだろうか。

たとえばゴールデンウィークに開幕という場合、歌稽古が２月ごろから始まるという。

「まず面食らったのが、すべてが歌なので、楽譜が台本だという意識です。歌は台詞で、その歌の一音一音に作曲家がそのキャラクターの心情なり、感情なり、すべてを込めてつくられているので、確実にその音を取り、その上に感情を乗せていかなくちゃいけなくて、ほんとに不登校になるくらい、徹底的に指導されるんですね。音が違ったら、もうまずだめですし、音が合っていても、それじゃ伝わらないって、歌稽古どころか、もう舞台稽古レベルの内容なんです」

そして３月半ばに稽古場を替え、この作品は再演を重ねているので、すでに出演しているメンバーによるおさらいを経て、４月にイギリスから演出家が来日。

「またもう一段上がって、いろんなリクエスト、挑戦が始まるわけです。みんなで稽古を見て、演出家の言うことを共有。トリプルキャストでは、ファースト、セカンド、サードといて、ファーストの方の稽古が中心で、その人の稽古を見て、どういう演出や注意を受けるのかしっかり聞く。で、自分たちは演出家の前でやるチャンスが少ないので、その少ないチャンスのなかで、やりたいことを全部やってみるんです。で、それはＯＫ、それはだめっていう、短いサジェスチョンのなかから、ここがOKだったら、ここのシーンは怒ってみようとか、もっとこの人は元気なんだとか、そういうことを自分なりに、逆算をして」つくっていったのだという。ここでも、いくつもの式を考える方法が役立っている。

小屋入りしてからは、「まず大事なことは、裏の動線の確認ですね。みんな早替えで走り回っているので、ちょっとしたことが事故につながるので、そういうところをみんながしっかり共有することが、安全のためには欠かせないです」

そう、舞台では、作品内容もさることながら、安全が何よりも優先されなければならない。命の危険さえある場所である。そのギリギリを疾走するような登場人物に観客は感動するので、ただ安全運転というわけにはいかないからこそ、より安全に対する真摯な取り組みが求められる。そのために公演中は、じゅんさんのいう動線、登退場はじめ、ほかの出演者の動きをしっかり把握したうえで、そのときどきの舞台上での自分の居場所、道筋を確実にしておくことが大切である。ほかにもどこに何をセットして、着替えはどこでして、といった舞台裏の動線の確認も怠るわけにはいかない。安全意識の確保と、危険を察知するだけの感受性も、あわせて俳優に必須の能力となる。

そしていよいよ開幕。公演を重ねるなかでも、とにかく歌い込む。これも、答えから式を導き出すことにほかならないのだが、まず答え（曲）は出せ（歌え）なくてはならない、そこから、自分なりの式（役づくり）を編み出そうと、取り組んだじゅんさんだが、「2

年やっても初日が出ない、で、3年目、少しでもスキがあったらピアノの先生にお願いして、悔いなく稽古して、それで、帝劇で自分の出番が来た時に、ちょっとおもしろくなってきた、ほんとに練習したな、もうどうでもいいや、見てくれ俺を、って。初年度は、ついに来たか、この瞬間が、と、ほんとうに心臓が口から飛び出そうな思いで、だめだったんですね。で、2年目はこれでどうだって一所懸命がんばるんですけど空回り。で、3年目はもうほんとうに楽しかったですね」。

テナルディエ役で『レ・ミゼラブル』に出演する橋本じゅんさん
ミュージカル『レ・ミゼラブル』　写真提供：東宝演劇部

　1章では井上芳雄さんが芝居の大変さを、城田優さんはダンスの居残り稽古を、そして橋本じゅんさんは、歌への懸命な取り組みを語る。本書でミュージカルの話題を多く取り上げるのは、俳優をめざすのであれば、とにかくとことん自分の「できない」に向き合って、それを克服しようとする姿勢を身につけてほしいと考えるからで、ミュージカルは、それが如実に表れる。そこで第一線で活躍する人たちの背中から、何かを感じ取ってもらいたいと思うからだ。

テレビの現場

○連続テレビ小説『ブギウギ』の場合

ＮＨＫ連続テレビ小説には、『ひらり』『なつぞら』『エール』に続く出演となるじゅんさん。今回の役は、趣里さん演じるヒロイン福来スズ子が所属する「梅丸少女歌劇団」の音楽部長・林嶽男。強面だが人情味あふれる部長を造形するにあたって、じゅんさんは、突然、キックボクシングのジムに入門する。

「当時の興行の世界で、現場の第一線に立つからには、今の自分じゃできない気骨をもっている人だろうと思ったから」だという。さらに撮影に入ると、休憩のたびに、部下役の人たちに缶ジュースを買ってあげたり、食事に連れていったり、「自然に上司になれるように」心がけたじゅんさん。林部長の大立ち回りといったキックボクシングが表に出るシーンは一切ないのだが、そうして役の性根に近づき、さらに、周囲との関係を「外堀を埋めるように」つくるのも、橋本流なのだ。

○木曜ドラマ『ハヤブサ消防団』の場合

テレビ朝日系で放送された木曜ドラマ『ハヤブサ消防団』でもそんな橋本流を発揮して、大好評だった。こちらは、撮影前に個人的に、知人の消防団員を頼って、実際に松本市消防局の訓練エリアを借りて、台本通りの動きを団員の方々に協力してもらって練習し、そのあとはいっしょに飲んで、消防団員の実情に迫ったのだという。あとは、小劇場時代からの仲間をはじめおなじみばかりの共演者、これは始まる前から「堀」は埋まっている。

連続テレビ小説『ブギウギ』に林獄男役で出演した橋本じゅんさん　写真提供：NHK

じゅんさんの撮影初日は、いきなり5分近くカメラを回しっぱなしにした消火シーン。ドキュメンタリーのような迫真の映像ができあがったが、それこそ映像と舞台の醍醐味が同時に味わえる伝説とまでいわれる名シーンになった。

実際に燃える民家の消火作業という、ここでも危険ととなり合わせの場面。舞台とはまた違った緊張を強いられるなかで、消防団員という役を、みごとなチームワークでやり切ったわけだが、「高校球児が甲子園出場を決めた時くらいの喜びがありましたね」。

映像の演技

橋本じゅんさんは、映像の現場でも、舞台のような準備をする。撮影初日までに全部の台詞を覚えて、前日は、「てにをは」の確認程度で、相手の台詞もだいたい覚えておく。カメラの位置によっては、相手役がそこにいなくて、アシスタントディレクターの視線の位置を決めるために出される拳に向かって台詞を言うことだってある。その際に、相手の言葉がはいっていないと、それを受けとめた台詞にはならないと考えるからだ。さらに舞台同様、なぜこんなことを言うのか、なぜ、なぜと、役の心をつかむまで準備をする。

撮影当日は、こうじゃないかと思ったことを、監督の前で「正しく間違え」てみる。つまり舞台と同じだ。ただし、「舞台はこっちからお客さんに伝えたいことをフォーカスしていただけるように働きかけていかなきゃいけないんですけども、映像の場合は、大切なことほどカメラの方でやってくれるので、自分でいちばん大事だと思っているところをリハーサルの時にそっと大事にやる。そうしたらそれを見ているスタッフたちが、それに応じてカメラの位置や撮り方を決めてくれる。あれだけそっとやるならカメラは顔に寄っていこうといった感じで」とは言うものの、映像でも映画となると、まだ自分でも語れるほど腑に落ちていないとじゅんさんは言う。

映画の現場

○映画『図書館戦争』の場合

「大事なことはカメラがやってくれる」という点では、橋本じゅんさんの代表作の一つ『図書館戦争』があげられる。というのも、大人気小説がアニメ化され、さらに実写化されたのだが、「主演の岡田准一さんと榮倉奈々さんは神キャストと言われ、僕の玄田竜助という役は、アニメだと身長１９０センチくらいの大男で、僕に決まった時に、世間の反応も、えっ？　という感じだったんです。僕は身長１７０センチないんで。でも、逆に（体を）絞ってやれ、あとは芝居で勝負だって臨むと、監督が応えてくださって、カメラが寄ってくれたんですね。そしたら大きく見えるんです。プロデューサーにも、スタートは遅れたようでも一気に追い上げましたねと言っていただき、それで、三作に出演できて」。最近は配役の時点で、イメージと違うなど、ネットであれこれ取り沙汰されることも多いが、あえてその逆をいき、監督もそれを活かして、独自のキャラクターを創造する。それがつぎの出演につながっていくわけだ。それでも映画は、まだ腑に落ちていないというじゅんさんは、最近こんな体験をしたのだという。

○映画『四月になれば彼女は』での発見

２０２４年公開の長澤まさみさんと佐藤健さん主演の『四月になれば彼女は』の現場。自閉症気味のキリンの飼育員で出演しているのだが、監督に「橋本さん、そんなカメラ気にしなくていいです」と言われても、なかなか対応できない。監督と少しディスカッションして、「根本的に間違っていたな」と気づいたじゅんさん。「何かをやろうとしている人でなく、そこにいる人を撮るんだ。ＤＯじゃなくてＢＥなんだ。舞台よりもテレビよりも、自分のまんまでいることが必要なんだと気づいたんです。だからなのか、撮影が終わってもまったく疲れなかった。そのまんまいただけ、何か能動的にやろうとしたわけじゃなかったので。だから映画っていうのは。僕はこれからも機会があれば現場でいろんなことを学んでいきたいと思っていますが、ドキュメンタリーであればあるほどいいんじゃないか、心のあり方を微調整しながら、その役の人物らしき方向に合わせていって、あとはいるだけでいいんじゃないかと考えるようになりました。アクション映画はへとへとに疲れますが、やるべきこと、位置も決まっているし。でもそうじゃなくて、ヒューマンな映画っていうのは、無理なことをする必要は一切ないんだと気づいたんです」

○アクション映画『キングダム』の場合

「アクション映画はほんとうに大変です。このごろは撮影前に、アクションシーンについては、アクション担当の人たちが、アクションだけでなく台詞も入れた動画を送ってくれるんです。で、それを見たうえで、スタジオに行って指導を受ける。これがまた何度もくり返しくり返しやるのですが、まだスタジオなんで、障害物とかがないんですよ。でも、撮影は山の中に行ってやるわけで、もう生傷だらけになる。ジャンプする場面でも、勾配になっているので、飛ぼうと思っても飛べない。それでやり直し。汗かいたらメイクが落ちる。で、またNG。とにかく早く決めなきゃいけない、OKテイクを取らなきゃいけないっていう、いろんな制約のなかで、でもそれを気にして手加減しているように見えたらいけない。段取りを一所懸命思い出してやっている顔ではいけない。結局僕の顔はそういうふうに映ってしまっているんですけど、決まりごとをやりながら、つまりDOでありながら、しかもBEでなければいけない」と、結局は、BEという、今そこにいるということの重要性にあらためて思い当たったというじゅんさんだが、よくいわれる迫真の演技とは、このことをいうのだろう。

「でもアクション映画の難しさは、ミュージカルとちょっと似ているかもしれないですね」。いくつもの能力と、それをある制約の中で、しかも真に迫って演じることの難しさを語るじゅんさんだが、だからこそ向かっていくんだという気概にあふれている。ここであらためて、映像と舞台の演技について、じゅんさんの考えるところを語ってもらった。

映像と舞台の演技

「それぞれには違いがありますけど、俳優としてやるべきことっていうのは、いっしょだと思います。ただ、映像と舞台の大きな違いは、やめられるか、やめられないか」と、舞台上で、7針も縫う怪我をしながらやり続けた舞台と、目を負傷して、途中で撮影を止めて病院に行った自身の実例をあげた。危険ととなり合わせということを思い知らされるが、幕が上がったら下りるまでは演技し続けないといけない舞台、途中で止めること、止まること、やり直すことができる映像。だからといってどちらが楽かということはない。それぞれに困難があり、喜びがあることは、本書のさまざまな方が話してくれている。

さらに、じゅんさんによる舞台と映像の演技の違いをまとめてみた。

・舞台というものは、自分が伝えたいことを、自分の体を使ってお客さんに見ていただく。
・映像というものは、自分の心の動きを、カメラが動いてくれて、つくってくれる。
・舞台は体。
・映像は気持ち。

・舞台は役者のもの。
・映像は監督のもの。
・舞台は自分の体や自分の健康、そして取り組んできた稽古がそれに見合って報われる場所。
・映像は、どれだけ思いをつくってきたかというものが、つくってきた分だけ映しだされる場所。

　そして、ここで言われた舞台は体というところこそ、体の中に全部入っている――体が見つける喜怒哀楽――という話と全部つながる。

　そう告げると、「人に言われて鍛えるものではなく、自分の意志で。そうやってこそ、喜怒哀楽が見つけられる。言われていやいやでは怒哀だけ。自発的にやるところからしか生まれない。とにかく自分から何かをやる、日記でもいい、散歩でもいい、料理でもいい、

自発的に手が届きそうなことを継続して突き詰めていく。それは表現に通じるんです。そしてそうすることで、プロの俳優になれなくても、プロの社会人には必ずなれますから」

と、本気で俳優をめざすことは、結果、社会で生きていく力を身につけることになる。だから、「やろうと思ったなら、とことんやってほしい」そう言うと、つぎの撮影に備えて、ミュージカルコースの後輩を頼んでの自主稽古に飛んでいった。ここまでする人を筆者は知らない。

　ただ、第一線で活躍する俳優というものは、何かしら、「ここまで」している。本書に登場する人たちは、みなそうであり、それが言葉に表れていると思う。筆者としては「ああ、自分は『ここまで』やってはいなかったなあ」と、反省しきりなのだが。

大阪芸術大学舞台芸術学科で演技指導をする橋本じゅんさん

橋本じゅんさんは、母校大阪芸術大学舞台芸術学科で教えてもいるが、そこを職業（プロフェッショナル）訓練の場にしたいと、俳優を職業にするために、徹底的に体と向きあうことを通して、プロの俳優、プロの社会人を育てようとしている。

現実的には、俳優という仕事だけで食べていける人は少ない

俳優の暮らし

ここまでにも何度も書いてきたように、俳優の生活は厳しい。俳優を仕事にすることによって得られる収入とは、出演に対する報酬、いわゆる出演料であるが、それだけで生活するということは、なかなか難しい。

特に舞台の場合、3章でもふれるように、出演料といってもそう多いものではなく、たいてい1カ月は稽古をし、しかもその間はアルバイトさえままならない現状を考えると、それだけで生活するのはかなり厳しい。交通費さえ出ないことも。チケットを売るべき規定の枚数（チケットノルマ）に達しなければ、自分が払わなければならないこともあるのだ。

ある劇団のワンステージの出演料は1万円である。これは劇団としてはそう安いほうではない。劇団公演の場合、本番は10から15ステージ、稽古は1カ月半、つまり2カ月で10万円から15万円ということである。いわゆる大劇場の商業演劇でも最初はこれくらいだろうか。ただし公演数は多い。たとえばそれが40ステージになれば、それだけふえるわけだが、それでも稽古期間をいれて2カ月でそれぐらいだとしたらどうだろう。

地方公演の場合は、出演料のほかに、旅のあいだの食事、宿泊も面倒をみてもらえるので、少しはなんとかなるが、それでもまとまった収入を得るとなると、かなり大変である。また地方公演を中心とした劇団は月給制のところもあるが、その生活は生半可なことではやっていけない。地方公演が減少しているという現実もある。

続けて仕事があるか

テレビ、映画の場合でも、それで食べていくのは容易ではない。そのためには続けて、コンスタントに出演していなければならないのだが、1章のうらじさんの話にもあるようにそれが難しい。たとえば最初のうちは、もし連続ドラマのレギュラーになっても、それがメインのキャストでなければ、それだけで生活することはできないと思っておいたほうがいい。ただし、継続的に出演するようになり、役も大きくなっていけば、出演料のランクも上がっていき、そこからさらに活動の場が広がっていくことにもなる。

だから忙しい俳優はどんどん忙しくなっていき、収入も増えていくことになる。だが、そこに至らないと、ときおりくる仕事を引き受けるために、休みがとりやすいアルバイトにつきながらの不安定な生活が続く。

収入格差

いわゆる売れている俳優と、そうでない俳優の収入の格差は、こうしてどんどん広がっていくのだ。そして、その売れているという状況にしてもなんの保証があるわけではなく、病気やけがをして出演ができなくなれば、収入は途絶えてしまう。俳優というもの、収入と展望という点からいえば、きわめて不安定な職業であるというしかないのだ。

テレビを見れば、そこに登場する俳優たちがいて、ときおり伝えられる彼らの私生活を見て、自分たちもそんな生活を手に入れられる、入れたいと思う。それが俳優をめざす理由なら、その可能性はきわめて低いと言わざるを得ない。

俳優を職業とし、それで生活するということは、俳優の誰しもが願うことである。しかし俳優になる目的は食べることだろうか。そこをよく考えてほしい。

「なぜ俳優になりたいのか。俳優の仕事を通じて自分は何をしたいのか」

芝居が好き、もちろんそれが第一だろう。しかしその好きも、恋に恋することがあるように、芝居が好きな自分が好きだってこともある。そんな一時の熱に浮かれることは誰にだってあることだし、それも悪いことじゃない。

肝心なのはそこから先。好きということで、どこまで続けていけるのか。アルバイトをしながら、いつくるかわからない出番に備える生活。気がつけば、ふつうに就職することができない年齢になる。それでもまだ続けるか、それともやめるか。俳優志望体験を活かしながら、新しい職業につき活躍する。そういう生き方もある。俳優訓練で培われる直に人とかかわる力、立場を変えて考える力、寄り添う力といったものは、現代の多くの職業で求められるものだ。これは信じていい。実際そうして新たな場所で活き活きと仕事をしている者も多くいる。ただ、やめどきを逸すると、つくべき新しい職業が限られていくということも知っておく必要はあるだろう。自分自身をもう一度ふり返って考えてみてほしい。

また、俳優は好きだけで続けていけるほど簡単なものではないが、なんとなくずるずるやめられずにいってしまうというように、やめることもまた難しいのだ。ほかの仕事と違って、それによって収入をたとえ得られなくても、俳優であることができる、つまりこれが罠なのだ。劇団やプロダクションに所属することができたら、この罠はますます抜けにくくなる。

何度もいうように、劇団やプロダクションに入ったからといって、出演が約束されているわけではない。でも、所属するところをもつことで、俳優と名乗りやすくなる、けれど、それだけではしょせん、それだけなのだ。

だから問い続けること。自分自身に。

「なぜ俳優なのか」

「俳優に何ができるのか」

「ほんとうに自分は俳優をやりたいのか」と。

ただし「私は俳優になる才能があるでしょうか」といった質問をするような人（これがとても多い）は、俳優になる必要はない。そんなことを答えてくれる人は誰もいないし、答えることはできない。才能があればやるといった考えで、俳優をめざし、しかもその答えを他人に求めるような人はやめたほうがいい。

収入と展望という点でいえば、厳しいことばかり言わざるを得ない。

しかしそれを乗り越えてでもやるだけの意味、意義を見出したなら、こんなに魅力的な仕事はないということも言い添えておこう。

3章

なるにはコース

俳優に求められることなくてはならないこと

健康で繊細な身体

俳優は舞台に、カメラの前に立ってはじめて仕事になる。健康であるために自身を律する厳しさがなければ、とてもプロフェッショナルな俳優にはなれない。そして、丈夫であると同時に繊細でなければならない。弱いということではない。心と体は密接な関係がある。ちょっとした心の動きをすぐに反映できるような、繊細な身体感覚をもっていることが大切なのだ。

よく感じ動く心・末期の眼

人生のさまざまな場面、そこで生まれる感情、欲望、情動、俳優はそういったものを、舞台の上に、カメラの前に発する。その源である心、その動きが鈍いようでは、とても俳優にはなれない。ふつうに生活していたら見逃してしまうようなできごとにも、敏感に反応できる心の力、感受性、それなくして俳優はとても務まらない。

それには「末期の眼」、つまり臨終の時に目に映るものは、なにもかも美しく愛おしく見えるだろう、そんな眼をどこかにもっておくように心がけることが、とても大切になる。

「これっきりと思って見れば世界はあまりに美しい」

他者のまなざしで眺めることができること

感度のいい体と、豊かな心。この両者がうまく調和することが、俳優にとっていちばん大切なことだ。心を豊かにする。それには、自身の価値観に左右されることなく、他者のまなざしで眺めてみることだ。ある役が与えられた時に、これは自分がしたことがないからわからないでは、俳優の仕事は成立しない。逆にこの役は自分だと思い込んでも、その役をとても小さなものにしてしまう。いずれにしてもそこに描かれた人物の視点で状況と向きあうことが求められるわけだ。実生活でも、たとえば、自分がいやだな、と思う友人の立場になって考えてみよう。思わぬ発見があり、人間関係も変わっていくはずだ。

想像力と創造力

他者のまなざしをもつことは他者の痛みがわかるということでもある。言い古された言葉であるが、その意味するところは大きい。痛みを想像する、つまり、頭でわかるのではなく、その痛みを自分のものとして感じること、切った指でも傷ついた心でも、痛いということが肝心なのだ。そしてそれは危険を感じ取る力にも通じる。痛み、つまり身体感覚を鋭敏にするということ。想像力といっても、ただ空想するだけでは十分ではない。見る、聞く、匂う、触れる、味わう。五感を総動員して得られる体感を出発点にして想像し、身体を通じて創造していく、それが俳優の仕事なのだ。

ひとつの解答を求めることよりも億の質問を発し続けられること

俳優の仕事は解答をみせることではない。私はこの役をこんなふうに理解したとか、このシーンをこういうふうに解釈しました、それを言うために俳優をしているわけではない。自分の役を通じ、自分自身に、さらに観る人に問いかけていく。「人間ってなんだろう?」「愛ってなんだろう?」「生きるってなんだろう?」……。ふだんの生活にしてもひとつの答えばかりを求めるのでは、どんどん心がやせていくだろう。とにかく質問し続けることだ。その質問は必ずしも声に出せということではない。とにかく興味をもつこと。自分をとりまく人間、社会、森羅万象ことごとくに興味をもつ。俳優の題材も舞台も、そのどこかに必ず含まれているのだから。自分の殻に閉じこもっていては何もできない。

そして俳優が俳優であるかぎり問い続けなければならないこと。自分はなぜ俳優をめざしたのか。俳優の仕事を通じていったい何をしようというのか。そして、私はいったいどんな人間なのか。

?と!

以上をひとまとめにするならば、?と!にあふれた人生であれということ。

安全に狂う

結局、俳優になることを夢見、俳優という仕事に現を抜かすとは、どこか狂っていなくてはできない。能狂言の狂、歌舞伎演目も狂言といい、日本の芸能の根底にあるのも「狂」である。演技における熱狂もそれを安全にやってのけるだけの強さと、他者への思いやり、それなくしては成立しない。安全に狂うことだ。

俳優になるための方法

自分はどんな俳優になりたいのか 俳優の道に近道はない

第一歩を踏み出す前に

ここで巻頭の言葉に戻ろう。「あなたは俳優を職業にしたいのですか」もしイエスなら、2章の俳優の収入と展望を読めばわかるようにあまりお勧めできない。テレビに出たい、映画に出たい、しかしすぐ出る方法はない。プロダクションに所属するか、劇団によってはマネージメント業務をしているところもあるので、そこに所属するか。しかしこれだってそう機会があるわけではない。最初からフリーでテレビや映画に出られるということは、まずないと思っていい。

つまりマネージャーから仕事をもらうことになる。だが結局は、自分しだいなのだ。よく仕事がないのを、マネージャーやプロダクションのせいにする俳優が多いが、そういうことをいう俳優は、たいていその原因が自分にあることに気がついていない。プロダクションは慈善事業ではないのだ。プロダクションだって仕事はとりたい。自分にまわってこないのは、自分のせいなのだ。

ただし、プロダクションの仕事がレッスン料を集めることがいちばんという場合は別だ。もしそのレッスンから得られるものがないと思えば、1章のうらじぬのさんのようにさっさと見切りをつけること。入る前に少なくともレッスンを見学するくらいはしておいたほうがいい。何度も言うように簡単ではない。もう一度、考えてみよう。

では具体的にはどこへ行けばいいのか

さあ、覚悟はできたろうか。とりあえずテレビに出たい、有名になりたいという人は、ここから先は、なんの参考にもならない。とにかく、ここにさえ行けば、あるいはこれさえすれば俳優に「なれる」というものはない。ただし、俳優になるための「はじめの一歩」の踏み出しかたはいくつかあるので、ここにあげてみよう。

◎漠然としているが俳優という仕事にあこがれている人。なんといわれようと、テレビに出たい、映画に出たいという人

①大学、短大の演劇科、俳優の専門学校に入る。

②劇場、劇団の養成所に入る。
③プロダクションに入る。マネージメント業務もする劇団にはいる。

◎自分の大好きな劇団がある、劇作家、演出家、監督がいる、あるいは尊敬する俳優がいる人

④その劇団の門を叩く。演出家、俳優がそこにいる場合も同様。俳優の場合はプロダクションの場合もある。
⑤その演出家がワークショップ、出演者オーディションをしていないかチェックし受ける。
⑥その俳優の付き人になる。

◎今すぐ何かしたい人

⑦ワークショップを受ける。

なるためのコース選び

ここにあげたように、俳優になるにはいくつかのコースがある。

①については、ここを出たからすぐに俳優になれるというわけではないが、その分、演技の基礎を学びながら、自分がどんな俳優になりたいのか、それを見つけるための準備期間になる。また、そこで出会った人との関係からつぎに進む道が開けてくることもある。

ちなみに筆者が教える大阪芸術大学舞台芸術学科には演技演出とミュージカルの2コースがある。

　その点では②も似ている。本来はその劇場、劇団の俳優を養成するためにあるものだが、そこに入った人全員が所属できるわけではない。だから、多くの人は、またほかの場所を探さなければならなくなる。最初から基礎を学ぶことをめざして入所する人も少なくない。ただし、そのめざす演劇の方向が違うので、あるところではよしとされることが、ほかに行ったら否定されるということもある。自分はどんな演劇をしようとしているのか、受験前にはそこの公演は必ず観ておくことだ。

　③のプロダクション所属の俳優に、いきなりなるということはかなり難しい。スカウトされるということもないわけではないが、ほんとうにプロダクション所属の俳優としてスカウトされることは、とても少ない。プロダクション主催のオーディションもあるが、たいていは所属料、レッスン料を払わされる。その金銭が目的でスカウトと称して声をかけられたり、合格させる場合も多いのだ。プロダクション所属俳優にいきなりなんのコネもなくなるのは難しい。1章の鎌滝恵利さんのように、自分の写真と履歴書を送ってみてもいいが、その話のように可能性はきわめて低い。とにかく簡単に俳優になれることはないのだ!!(だが鎌滝さんのようにそれを可能にする人がいるのも事実)

思いと熱意で

④は②につながる。とにかくその劇団に入りたい、その劇団の演出家についていきたい、そこにいる俳優の演技にふれたい。そんな場所としての劇団が見つかり、そこに飛び込む、それはいちばん幸せな始まり方だ。俳優がプロダクションに所属している場合は難しいが③と⑥を参考にしてほしい。

⑤のワークショップは、上演作品の出演者を選ぶことを前提に開催される場合と、俳優訓練のために行われる場合がある。特に訓練のワークショップは各地で開催されている。まずこういったところで、試してみるのもいいだろう。もちろん、これを受けたからすぐ出番に結びつくとは限らないが、演出家におもしろいと思われれば自分の作品に呼ばれるかもしれないし、逆に受けてみて、とてもおもしろければ、さらにその演出家のワークショップ、主宰している劇団があれば、そこの入団試験を受けてみるなど、発展していくかもしれない。また、自分の好きな演出家がオーディションをするとなったら、その思いと熱意でぶつかってみるといいだろう。もちろん思いや熱意だけで合格するわけではないが、独自の世界を確立している演出家、劇作家、映画監督、ディレクターが大学、短大、専門学校などで教えていることもあるので、そういった場合は①につながる。

⑥は、なかなか大変な仕事だ。なり方としては、自分がつきたい俳優、所属事務所に直接交渉（こうしょう）する。うまくいく可能性は低いが、本当にやる気があったらぶつかってみてもいいだろう。うまくいけば、その俳優の出演する作品に、ほんの小さな役でも出演できるかもしれない。現場も覚えられ、いい勉強にもなる。付き人を経て一人前の俳優になった人は少ない。だが、ハリウッドでも活躍（かつやく）する真田広之（さなだひろゆき）さんのようにいないわけではない。

⑦のワークショップは比較的気軽に受けられるので、いくつか受けてみて、自分の方向を決めていく指針にしてもいいし、⑤に書いたように発展すればなおいい。

オーディションを受ける

俳優になるためのもうひとつの方法にオーディションを受けるということがある。

●舞台（ぶたい）出演者オーディション

この場合、さまざまな公演規模のものがあることは覚えておいたほうがいいだろう。

1. 出演料が出る。
2. 出演料は出るが、チケットノルマ（ある枚数のチケットを売らなければならない。もし売れなかったらその分の金額は自己負担するというもの）がある。
3. 出演料はないがチケットノルマもない。

4．チケットノルマだけがある。

このように、大小さまざまな公演の出演者が募集されているが、ほとんどが、3か4といってもいいだろう。ただし、ミュージカルについては大劇場公演についても、出演者が公募され、オーディションが行われている。1章の井上芳雄さん、城田優さんの俳優人生はまさにここから始まったのである。

●映像出演者オーディション

映像の場合、なかなか出演者を一般募集することはない。たいていは、プロダクションに対して告知され、そのなかで選考が行われる場合が多いのだ。映画出演者募集と称して、実際はエキストラ程度の役でレッスン料をとるということもよく行われているので、しっかり確かめることが必要だ。もちろん1章の鎌滝恵利さんのように、落ち続けながら役をつかみ、飛躍していくこともある。

◎どんな俳優がオーディションに通るのか

オーディションは求めるキャラクターにあうかどうかというのが、まず問題になる。つまり相撲取りの役のオーディションなら、どんなによくてもあばら骨が見えるほどに痩せていたら通らない。ただし、そのキャラクターがとてもおもしろければ、痩せていてもいいじゃないか、ということになることもある。また、もっとおもしろければ、多少設定を変えても、この俳優を使おうということになることもないわけではない。だが、基本的には求めているキャラクターがあって、そこにいちばんあった俳優が選ばれることになる。だからオーディションに落ちたことで、ことさらに悲観することはない。ただ、審査する側がいちばん求めているのは、設定を変えてでも使いたくなる俳優かもしれない。ある程度できあがった俳優より、荒削りでも奔放な、可能性を感じさせる俳優といったらいいだろうか。もちろん荒削りと乱暴は違うし、こうすれば合格するというやりかたはない。だれかがそのやりかたでうまくいったからといって同じことをすればいいというものではない。それは恋のようで、雨の中で一晩中窓の下に立っていて、うまくいくやつもいれば、ストーカー行為でつかまるやつもいる。多分つかまるほうが多いだろう。オーディションも同じだ。オーディションに限らない、この世界で生きていくのは、恋愛に似ている。こうすればいいというやり方はないが、どこまでその思いを貫けるかにかかっている。しかもそのうえ両思いになるには、説明しようのない、なにかが横たわっているというわけだ。

●オーディションではどんなことをするのだろうか

◎台詞

課題となる台詞が与えられる。その場で与えられる場合と、前もって渡されて覚えてくるように言われる場合がある。そこでは自分なりにその台詞をどうとらえたか、それをどんなふうに表わせたかが問われる。だからといって、上手な芝居をしようなどと思わないこと。その短い台詞のなかで、なにか自分とつながる場所を探して、そこから広げていく。前向きな人間につくる。どんな失恋の台詞でも、失恋する人を演じようとしない。たとえ1パーセントでもこの恋を叶えようというエネルギーをもって、そこから読んでいく。それがかなわないからドラマになるわけで、最初から諦めたような台詞にしたらドラマは弱くなる。これは実際に演技する場合でも必要なことだが、オーディションならなおさらである。なんとしても合格したいという自身の意志を、台詞を発する人物に重ねていく。上手な芝居を見せられるよりは、なんとか叶えようと七転八倒している人間のほうが印象も強い。もちろん、これもあくまで原則。

◎歌唱・ダンス

ミュージカルの場合は必須である。レベルが同じ場合は、演技力、芝居心といったものがものをいう。歌にダンスに、その役、その曲、その場面にふさわしい息づかいができるかが問われるといっていいだろう。

◎面接

審査員の前で自己紹介をする。いくつかの質問に答える。

正直が一番。変に飾ってもすぐにばれる。自分の言葉で素直に話すこと。いいわけは禁物だ。風邪をひいただの、今日は調子がよくないだの、決して言ってはならない。オーディション必勝法はないが、いいわけした人間が受かるのを筆者は見たことがない。

◎即興

状況を与えられ、即興的に何かをする。外国人の演出家はたいていこれをする。筆者の経験では、本を読んでいて、蝿が飛んでくる。それがだんだん増えてくる。あるいは、エレベーターに閉じ込められる。時間が経つ。最後は百年！　経った。ロシアンルーレットというのもあった。つまり極限状況である。そんなこと体験したことないなんて言っている暇はない。そんな時にどうなるか、自分ならどうするか、そこでその俳優のセンスが問われるわけだ。これもこうすれば合格というものはない。ただ、思いきってやってみる。必要なものは想像力だ。そしてジャンプ力、瞬発力だ。

　このほかに、私が体験したことのあるいくつかの課題を書いてみよう。

・なんでもいいから笑わせて。
・最近印象に残ったことを話してください。
・おもしろい（変）顔をしてください。
・自分のダメ自慢。

　ここでもとにかくいいわけはしない。おもしろくないかもしれませんが、とか、あまり印象に残ったことないんで、なんて言ったらおしまいだと思っていい。

すぐ俳優になる方法

巻頭に書いた通り、自分でつくる。どこでだってかまわない。そう「どこでもいい、なにもない空間――それを指して、わたしは裸の舞台と呼ぼう。ひとりの人間がこのなにもない空間を歩いて横切る、もうひとりの人間がそれを見つめる――演劇行為が成り立つためには、これだけで足りるはずだ」と、20世紀の演劇を変えたといわれる演出家、ピーター・ブルック氏が『なにもない空間』（演劇志望者は必読）で説いている。映像も、自分でつくって配信してしまえばいい。俳優には誰もがなれるのだ。ただし誰かがつくったもの、たとえば台本を使うさいには、著作権、上演権を尊重し、その許諾なく上演、公開することはあってはならない。しかしそういった点を考慮すれば、俳優にはすぐなれる。新しいものはこういったところから生まれる（もちろん簡単ではない。たいていはいつかどこかでみたものになりがちだが、最初はそれでもかまわない）。なるための方法などというものは、しょせん、すでにある枠のなかに入っていくやり方にすぎないのである。

演出家座談会　俳優と劇について

三人の演出家の話を聞けば、「好き」という言葉に終始した

いのうえひでのりさん、内藤裕敬さん、金谷かほりさん（いずれも演出家）

劇団☆新感線を主宰しているいのうえひでのりさん、南河内万歳一座を主宰する、内藤裕敬さん、そしてテーマパークから新作歌舞伎まで、国内外のエンターテインメントの世界で活躍する金谷かほりさんという、演出家として第一線で活躍している方々、内藤さんは劇作、俳優もしているが、お三方は、筆者と同じ、いのうえさん、内藤さんにとっては母校である大阪芸術大学舞台芸術学科での教員仲間。学生たちを前に行った公開座談会から、俳優を志す読者にも共有したいところを、誌上に再現してみよう。

若き日々のこと

筆者　いのうえさんと内藤さんは同期生なんですよね。「僕の授業は君たちに演劇をあき

らめさせるためにやっている」という言葉から始まったという劇作家・演出家の秋浜悟史さんから多大な影響を受けたそうですが、どんなお稽古だったんですか？

いのうえ　ずっと這っていって、障害物にぶつかったら直角に曲がるとかね、アイスクリームを舐めているうちに、だんだんそのアイスクリームになるとか。

内藤　なんだかよくわかんないことやってたな。

いのうえ　やっていて醒めたら抜けていいことになってて。自分が抜けるとたいてい内藤もいたんだけど、とにかく秋浜先生の授業だけは、ねじ伏せられるようなおもしろさがあったので、それは真面目に出てましたね。

筆者　でも、そんなふうにこの人はすごいと思える恩師に出会えたのは幸せでしたね。内藤さんもずいぶん影響を受けたって仰ってましたが。

内藤　奥行があるっていうかね、一筋縄ではいかない何かがあったんだな。とにかく考える、考えなきゃなんもできねえぞみたいなとこあったから。秋浜先生の授業だけは、ちゃんと受けたなあ。

いのうえ　あとは、大学構内の小屋に朝の10時ぐらいから入りびたって、ずっと稽古して。

内藤　ただ後輩には、授業だけはちゃんと受けろよって言っていましたけどね。

筆者　大学にしろ、養成所にしろ、そういった場所で、この人と思える人に出会うって大事ですね。みんなに褒められてもその人がよしと言ってくれなければ喜べない、また何か考える時にその人ならなんて言うだろうと思い浮かべるような人。

ところで、そのこもって稽古していたのは、もう新感線で？

いのうえ　そうです。当時大ブームだった、つかこうへい作品のコピーを作って。

内藤　高校の時からこの人はそうやって、つかさんの芝居見に行っては、ちまちま台本に起こして、それ使って稽古して。

いのうえ　だけど、今、いろんなところで上演されている『広島に原爆を落とす日』は、あの時に俺が起こしたものだから。つかさんは残してないので。

筆者　つかさんは口立て（2章　橋本じゅんさんの項参照）というやり方でしたから。

いのうえ　メモっている人はいるんですけど、表に出ることはない。で、僕らはそのコピーにちょっとオリジナルの台詞足したりしてやっていましたね。

筆者　そのころ、内藤さんは、唐（十郎）さん派だったんですよね。

内藤　そうそう、俺、アングラ系ね。舞台で暴れたいという気持ちだけ。その一心でお芝居作って、もともとプロレス同好会をやっていて、芝居のなかでプロレスが見られるといった感じ。

筆者　万歳一座といえばプロレスっていう。

内藤　劇団員の多くがプロレス研究会に入ってたんだ。

いのうえ　ものすごくおもしろかった。

内藤　舞台の上から、客席に投げたり、上がってこようとするところを、こっちからまたキックで落とす、暴れまくってい

いのうえひでのりさん

内藤裕敬さん

た。健翔さんは寺山（修司）でしょ。

筆者　そうですね。自分も今ごろ寺山さんの作品の上演を企画したりしていますが、とにかく、完全コピーまでしてしまうくらい、若いころに夢中になれる対象に会うというのは、ほんとうに貴重ですね。今のみなさんには、つかこうへい、唐十郎、寺山修司といった人たちは、なじみがないかもしれないけれど、日本の演劇界を揺るがした人たちです。で、揺るがされたわれわれは、その熱のまま突っ走っている。とくにこのお二人は、もちろんそのままじゃないけど、根底にはそれが脈々と息づいている。

金谷先生は、若いころはダンス漬けだったんですよね。

金谷　私は、高校時代は器械体操をやっていて、テレビでコマネチさんを見て、あこがれて群馬のコマネチっていうニックネームを自分でつけた。で、コマネチをめざすというより、なろうとしていたんです。で、すごく体操をがんばって、だけどそれもまあまあそこそこしかいかなくて。家業がバレエ教室だったんで、先生のお弟子さんがやっていた稽古場に住んで、ダンススタジオの更衣室に二段ベッドがあって、その二段ベッドの上に寝て、下に荷物。だから、お稽古にみんなが来たら、私がいる場所はない。でも夜は思う存分稽古できるでしょ。

筆者　貸し切りですもんね、住んでいれば。

金谷　そう、でもお金ぜんぜんなかったから、バイトして、お昼の稽古終わった後でも、先輩がコーヒーとチーズトーストとかを食べていても、お金がないからトーストと水で先輩の話を聞くっていう感じですね。その時、東京ディズニーランドがオープンするっていうことで、踊りでお給料もらえる仕事が世の中にできるっていうんで入ったんです。

筆者　お二人はどうですか、やはり、バイトなどは。

内藤　喫茶店、食堂などのバイトいっぱいあったからね。やってみたら、「にいちゃん、水」とか言われるわけ。「誰が兄ちゃんだ、このやろう」と思って、水ぐらい自分で汲めよ、こんな安い定食屋で偉そうに、なんだこいつと思って、ちょっとやりきれない気持ちで水を持っていくみたいなところがあって、これは接客だめだ。だから、もうほとんど倉庫とか、工場とか、現場で。

いのうえ　肉体労働的な。

内藤　そうそう。

筆者　いのうえさんは。

いのうえ　デザインってほどではないけど、自分たちが根城にしていた劇場からいろいろ仕事もらって、絵を描いたり、写植をしたり、チラシつくっていました。

筆者　金谷さんは、ディズニーランドに入って。

金谷　ええ。で、少し経って、劇団四季の音楽監督もしている先生にショー作ってみないかって言われたから、ちょっとやってみますって、「ミッキーマウスの誕生日」っていうミッキーだけが出るショーをつくってみたら、「いいじゃん」って、いいのかなと思いつつ、そのままつくる人になって。それ24なんです。だけど、28ぐらいで、自分、ミッキーの誕生日祝う気持ちがないなと、これは続けない方がいいと思ってやめて、これまであこがれてきたいろんな仕事をやってみようと独立して。でもテーマパークにいたから、エンターテインメント人間になっているんですよ。いっぺんに何千人にも見せるとか、どこから見てもわかる楽しいものとか、派手なものをやるように、だから今まさにお芝居の勉強をしているって感じです。

筆者　でも、それで『新作歌舞伎　ファイナルファンタジーX』まで演出をされたんですから。

いのうえ　観ました。

金谷　ありがとうございます。私も先生のあの劇場のこけら落とし公演『髑髏城の七人』観ました。

（と、ここでお二人が演出した客席が回転して、取り囲む舞台を観るという最先端の劇場の話になる）

筆者　それにしても、いのうえさんのここまでを支えてきた原動力ってなんだったんでしょう。

いのうえ　やっぱ好きだったってこと。最初は、つかさんのおかげでお客さん入っていたと思うんです。その後にオリジナルになったんですよ。ドタバタと、ヘビメタを使って。そしたらね、６００人。つかさんだと二千何人入った。だけど、６００人でも、お金払ってちゃんと受けてくれるんです。これまだいけてんちゃうか、みたいな感じがあって。

筆者　ヘビメタも好きな。

いのうえ　大好きで、考えてみたら高校生の時からそういうことやっていたと思って、多分、もうこれはずっと変わらないな。

筆者 強烈(きょうれつ)でしたよ。演劇の歴史を変えた。

いのうえ そんなことはないと思いますけど。

筆者 これありなんだって思わせたのは、すごかったよね。

内藤 そこはぜんぜんぶれてない。

筆者 内藤さんも、その意味では、ぜんぜんぶれてない感じはするけど。

内藤 うちは、若手でオリジナル作品をやってるとこはあまりなかったっていうのがあって、その路線で、おもしろい作品と世界観つくっていければなと、暴れながらね。もう、暴れて、何かこう、発散することで何か世界観ができないか。そのために台本書いて、とにかく俺(おれ)たちが見せられるものは、何かって考えた時に、それしかなかった。

金谷かほりさん

生身の肉体で

筆者 でも、あの時代はね、唐さんの『特権的肉体論』(筆者の時代の「アングラ系」俳優志望者はこぞって読んだ)70年代のわれわれの演劇って「身(体)訓(練)」に明け暮れて、とにかく動くことだっていうのが前提にはあった気がしますね。体でぶっ壊していく。

内藤 そう、考えるよりも、体動かそう。

いのうえ 「見る前に飛べ」って。

内藤 イメージと体がこう、ちゃんとシンクロしなきゃいけない。自分を体の真ん中において、どうそれを動かすっていう、

金谷 もう動けてなんぼって感じね。そう、足は上がってなんぼとか、何回回れるかとか、

そういう体操的にダンスも考えて。

筆者　でも案外そういうのって大事ですよね。

いのうえ　そうですね。

金谷　大事なのよ。

内藤　体を動かすって。生の生きている人間が目の前にいるっていうことが舞台の特色なんだから、そこに体があるっていうことが何らかの形で客席に発表されていかないと、舞台の作品としておもしろくないんだよ、結果的に。

筆者　これからますますそうなりますよね。たとえばハリウッドでは映画俳優たちがＡＩに仕事を奪われることに抵抗しているなどありますが、舞台だけは絶対に生ですからね。生身の人間がここにいてはじめて成立するもんだから、最後の砦というか。

内藤　ここからどんどんフィーチャーされると思うんですよ。高度デジタル化はもっと加速する。そういうなかで、結局演劇だけはアナログでしかつくれないですからね。合理化っていうのは無理。だけど、システム化およびデジタル化っていうのは、究極の合理に向かっていく。僕らはとてつもない非合理をやっているわけで。

筆者　だから最先端のテクノロジーを誇る客席回転劇場だって、役者はもっともアナログなスタイルで、ひたすら階段を駆け上り、駆け下りて。

いのうえ　でもお客さんはそこに感動します。

筆者　技術に拮抗する肉体ということですね。

金谷　やっぱり人がやっているものを人が観るということは、なくなんないなって思いますね。

俳優志望者を教えていて思うこと

いのうえ　みんなすごく素直で、いい子が多いっていう印象があって。ただ、芝居で求められているものは、厳しいじゃないですか。そうなった時にメンタルを強く、自分が好きであるってことを、どのくらい信じて、強くなれるかっていうのが今後の課題ですかね。

金谷　好奇心が勝っているかどうか気になる。私は何やっていても好奇心が勝りすぎて、つねにエネルギー値がちょっと鬱陶しいぐらい高い。で、メモを取る。だから、ずっとエンジンがかかった状態で。で、たぶんそれは好きだからなんだけど、その好きの度合いが、好き以上に好奇心がすごい。いろんな方の舞台を見ると、ほんとに、あ、メモメモメモって、メモ泥棒ですよ。

筆者（山本健翔）

いのうえ　その興味のもち方はすごいな。

内藤　俺なんか、ぼーっとしているからね。

金谷　私はもともと演劇をやってきていないから、台詞の積み重ねから、どういうふうに見せていて、どこに辿り着くのかっていうのをずっと観察していて。とにかく、もっと貴重になってくると思う、人間が人間の前で何かをやって見せ、そのスリルを、お客さんがいっしょの空間で体感することは。

内藤　みなさんは、私たちとは世代がだいぶ違うから、みなさんなりの原体験があって、演劇を志すと思うんだ。夢とあこがれへの本質的な取り組みには、ぜんぜん華やかなところのない、とても日陰の、結構苦しい、辛い時間が必要になってくる。その時に、何か思っていたのと違うと思ってやめちゃう人、モチベーションが下がっちゃう人と、この辛さの先に何があるかと、ワクワクして取り組める人と、分かれてくる。それが、ふるいにかけられているってことなんだ。でも、好きならば続けられる気がするけどね。

金谷　好きは大事だから、ほんとうに好きかどうかなんだよね。好きならできちゃう。だから、どれだけ好きかだけじゃないかなと。私もこの仕事やるのも好きだし、観るのも好きだし、エンターテインメントや舞台が、世の中でいちばんいいことのように思えちゃってるわけ。偏っているって言われるんだけど、大好きなの。だから割と何でも大丈夫。メンタル強いって言われるんだけど、おもしろくてやっているから、好きだから。

筆者　そういうことですよね、それがあれば困難も乗り越えられる。それができないのは、好きが足りないんだって思うくらい好きなのかってことなんだなあ。

こんな俳優と仕事がしたい

筆者　また仕事がしたいと思わせてくれるのはどんな俳優ですか?

いのうえ　三歩歩いてふり返ってしゃべる、みたいなことを、全シーン自分で動いてつくっては、それを、俳優さんに伝えてやってもらうんですけど、それを超えてくる人。いや、そっちのほうがおもしろいわって思わせてくれる人。

筆者　伝えたことはやってくれたうえで。

いのうえ　あらためておもしろいっていうことをやってくれる人ですね。最初からやんないやつは嫌いですけど。

筆者　やったうえで、やれたうえでね。

いのうえ　それはね、感動するし、大好きになります。

金谷　私はもうシンプルに、うわっ、この人お芝居好きなんだなって思える人ですね。逆に好きか嫌いかわかんない、ダンスでもお芝居でも、どうなの、好きなの、嫌いなのって思いながら舞台つくるのはちょっときつい。

内藤　僕はだいたいこう、20代が、劇団の上り調子で、劇評が良かったりとか、雑誌やマスコミに取り上げられたりとか、賞をいただいたりとかっていうことがあったけど、いつも物足りなく、何か足んないって思ってた。で、とにかくそこからずっと考えてたら、いろいろ演出の仕事も来るようになって、お金も稼げるようになって、でも、どんなに一所懸命やったところで、結局は、金じゃ足んねえなと。金欲しいんですよ。できれば欲しいんですけど、その金じゃ足んないだよ、俺たちがやっていることは。それがはっきりしてきた。そういう意味では、俳優で、自分がやっていることは金じゃ足んないんだって、どっか思ってるやつといっしょにいたい。金は取るんだけどね、取るんだけど、金でやっているわけじゃないと思わせてくれるやつ。

いのうえ　金だけじゃないね。

内藤　金以上の世界がここにあるから。

最後にひとこと

金谷　よく自分のクラスの子に言うんだけど、みんなの夢が叶わなくても誰も困んないから、自分の夢だから自分でやりなさいって。だから自分を大事に、自分の夢を大事にしてほしいな。

いのうえ　演劇のこだわり方っていうのは、それで食べていくっていうのが、みなさん、やっぱりいちばんだとは思うんですけど、それ以外にもいっぱいあると。だからまず若いうちに、とりあえず、お芝居を観にいく。なんかチャンスがあれば、いろんな舞台出てみる。とにかくいろいろやったほうがいい。やって損はない。途中で挫折しても、いろんな経験を今することができるのは特権だと思って、そのチャンスをできるだけ逃さないようにしてほしいなと思います。

内藤　まあ、好きにやって失敗してほしいね。結局どうせ失敗するんだからね。芝居に取り組むうえでもね。だから、好きにやらずに失敗したって何にもなんない。好きにやらかして失敗して、それが積み重なると、何かね、見えるようになるから、好きにやってほしい。

筆者　結局は「好き」が問われるということですねえ。学生たちにはいつも、努力を努力と思っているうちは好きが足りない。「努力」でないと、とてもじゃないけどやってはいけないと言っているのですが、あらためてそのことも伝えられたかと思います。ありがとうございました。

インタビュー　先輩からのメッセージ1

生の舞台を体験してほしい 夢を見て笑えるのは人間だけ

劇作家・演出家・俳優
渡辺えりさん

演劇を志すきっかけとなった劇

渡辺えりさんにインタビューしたのは、テネシー・ウィリアムズ作『ガラスの動物園』、別役実作『消えなさいローラ』二本立て公演を終えたばかりのころ。『ガラスの動物園』では、尾上松也さんが冒険を求め家を飛び出したい主人公トムに扮し、不自由な足を気にして、繊細なガラスの動物たちとの世界にひきこもる姉のローラを吉岡里帆さん、そんな子どもたちを自分の思うあるべき姿にしようと毎日叱咤する母のアマンダを、演出を担当した渡辺えりさんが演じた。

このテネシー・ウィリアムズの傑作は、俳優を志すなら、ぜひ読者のみなさんにも読んでもらいたいが、えりさんの演出は、登場人物それぞれの心がくっきりと描き出され、えりさんのこの作品への思いがあふれ、胸にしみるものだった。

『ガラスの動物園』への思い、それは山形西高校演劇部時代にさかのぼる。

演劇をすることに大反対の父親から、進学校の西高に入れたら許すと言われ、演劇をやりたいがために受験勉強して合格。「これで演劇ができると校庭の木にすがりついて泣いたのに、父親はそんな約束した覚えはないと言い出し、毎日のように喧嘩をしていた」というなかで観たのが、地元にやってきた文学座公演『ガラスの動物園』。

舞台上の姉と弟の姿は、お話をつくったり聞かせたりするのが大好きだった少女が、体形のことでいじめられ、内向的になっていたところ、劇に救われ、演劇を志すも、今度はそれを認めてもらえないというえりさん自身に重なり、「女は手に職をつけなさい、きちんと結婚しなさい」という母アマンダは自分の母親そのまま、「（作者は）のぞき見したんじゃないか」というくらいの内容に、幕が下りると、「泣いてしまって、席から立てなくなった。こんな私でも生きていっていいんだと勇気をもらった」という。

いっしょに劇を観た演劇部の先輩に付いて楽屋に行くと、さっきまで舞台で輝いていた俳優たちが、何ごともなかったように舞台の片づけをしている。「これが演劇の世界なのか」とまたそこで感動。演出家で、アマンダ役の長岡輝子さんに、楽屋から宿泊先の旅館まで、質問攻めにする先輩と、それに答える長岡さんの話を聞くなかで、高校を出たらすぐに東京に行って芝居をすると決め、ご両親

渡辺えりさんが演出、出演した『ガラスの動物園』より　写真撮影：横田敦史

の猛反対を受けながらも「もう娘はいないと思ってくれ」と上京したのだという。

まず相手の意見を聞く、それが演技の基本

それから52年、同じ県民ホールで、ご自身の演出、出演による『ガラスの動物園』が実現。母校の演劇部員に観てもらうと、高校時代のえりさんの気持ちがわからないという後輩たち。「親に反対されたことがないから」と。「時代は変わった。昔と違って、今は演劇に対する偏見がなくなった、でもその分」とえりさんは言う、「夢に向かおうとする力の溜めがなくなった」と、最近出会う若い俳優や、俳優志望の若者たちに抱く思いを一気に語るえりさん。

「昔と比べて、とても器用になりましたから、そこそこみんな演技はうまい。お金さえ出せ

ば、養成所も演技塾といったものもあるので、間口もとても広くなった。ただそんな養成所や塾を40過ぎまで転々としている人も多い。それでもいいならいいけど、でもそれでいいのかと自分に対してちゃんと問いかけているのか。恵まれているからこそ、死ぬ気でやる気持ちになれないところが逆に気の毒かなとも思いますね。あと、これは子どものころから叱られたことのないままきているからだと思うんですけど、演技についての修正を指摘しても、自分ができていないと思えない人が多い。演出の言葉にも首をかしげるばかりで、たとえば、『もっと言葉を荒げて怒ってください』と言っても、『怒っています』と返してくる。片や自己肯定感が低すぎて、何をやっても自分はだめだと思っている人もまた多い。極端ですよね」

いずれにせよ「自分」「自分」ということなのだろう。それでは困るとえりさんは言う。

「自分の台詞はしゃべれても、相手の台詞が聞けない。客観的に、自分と相手は違うことを認め合い、まず相手の意見を聞き、それから自分の意見を言う。聞く力ですね。それがないと、俳優になるのは難しい、それが演劇の基本ですから。それをまず、若い時に養ってほしい。だから、自分のことばかり言う人も、俳優には合わないですね」

「俳優になる」とは「演劇をする」こと

えりさんは、そんなふうに「自分のことしか考えられない人とはいっしょにものはつくれない」と、創立20周年を目前にして主宰する劇団を解散するが２０００年に再度「宇宙堂」を立ち上げ、その後プロデュース集団として今日まで続けている。

　えりさんの劇団というものへの思いの原点は、高校生の時の『ガラスの動物園』終演後、あれだけ自分を感動させた俳優が、スタッフといっしょになって、黙々とバラシ（舞台を終え、大道具・小道具、音響・照明装置などを解体して片付けること）をする姿なのだろう。俳優は、まずいっしょに演劇をつくる一人であること。だから「俳優になる」とは「演劇をする」ということ。渡辺えりさんにここでご登場いただいたのは、そのことを読者にあらためて考えてほしかったからである。

　「俳優になりたい」と思う自分は、「演劇をしたい」と願うのか。もしその願いが鮮烈であれば、それが俳優になるには、そして俳優を続けていくには、いちばん近い道かもしれないと、筆者もみずからの体験から思うからである。鮮烈という言葉を使うのは、えりさんが、俳優の、演劇のあるべき姿を語るその語り口、そして劇作、演出、出演をしながら、劇団を持続してきたエネルギーと、だめとなったら潔く解散までしてしまうその姿勢が鮮烈だからである。

　ちなみに、最初の劇団３〇〇・さんじゅうまる（旗揚げ当時は２〇〇・にじゅうまる）は、斬新でいて懐かしい、幻想と現実がないまぜになったような作品が人気を呼び、１９８０年代小劇場ブームの一翼を担っていた。

　そんなふうにえりさんがともに演劇をつくりあげた人たちとの出会いの場は、舞台芸術学院という専門学校。演劇のための東京行きに、猛反対したお父さんが出した条件が、「名前に学校という文字が入っているところに入学する」ということだった。入った年は、訛りが気になって誰とも口をきかなかったというえりさん、ただふだんは無口でも、授業には積極的で、2年制のところ、学校の規定に書かれていた勉強したい人が18人そろえばもう1年専修科で学べるという一文を見つけて、仲間を募って実現。「学校と、アルバイト先と、劇場と映画館しか行ったことはなかったけれど、芝居ができる喜びでいっぱいの青春時代だった」という。

みんなで力を合わせてつくる劇団

卒業後、学校の先生と仲間で、好きな劇をしようとグループをつくり、つぎつぎに公演するかたわら、男性ばかりのなかで、舞台スタッフの仕事に連日追われるという過酷な日々を経て、舞台芸術学院の同期生とともに、劇団２○○（にじゅうまる）を結成。お客さんが5人しかいないという時を乗り越え、やがて、一つの公演で１０００人動員するだけでも大変な小劇場で、３０００人、その後８０００人、そして紀伊國屋ホールで上演した『黄色い部屋の秘密―ニヤリの月と散り散りの森』（１９８３年8月上演）では1万人の動員を達成した。そのころの劇団員というのは、「いろんなことができる、いろんなことをやりたいっていう人。人のことまで気にするようなタイプの役者」。たとえば舞台袖の暗がりで誰かが困っていたら、さっと手をさしのべる、そんな役者たち。しかし、今はそれができない人が多い、それは教育のせいもある、と、学校教育の現場にも疑問を呈する。

「成績が悪くても気が利く子どもっているでしょ。それを褒めればいいのに、成績がいい人だけ褒めるからこうなるんじゃない」

さらには社会のあり方にも話は広がる。

「昔はね、赤ん坊が泣くと、みんなで電車の中でだってあやしていたのに、今はうるさいとか言っちゃうでしょ。キルギスとかルーマニアに行くと、昔の日本があるわけですよ。膝の上に抱いてあげたり、バス停でバスが来ないと馬車が来て、乗せていってやるよとか」

そこにあるのは、ゆっくり、自然という、人間にはどうすることもできないものと共存しているという感覚。今の日本は24時間明るくて、人間の力で何でもできると思ってしまう。そこで、「そういう抗えない自然の力があるんだ。だからみんなで力を合わせなきゃ駄目なんだ」というようなことを思い起こさせるのが演劇であり、それがいちばん実現できる場が「劇団」だとえりさんは考える。だから最近も、清水邦夫（この作家も必読！）

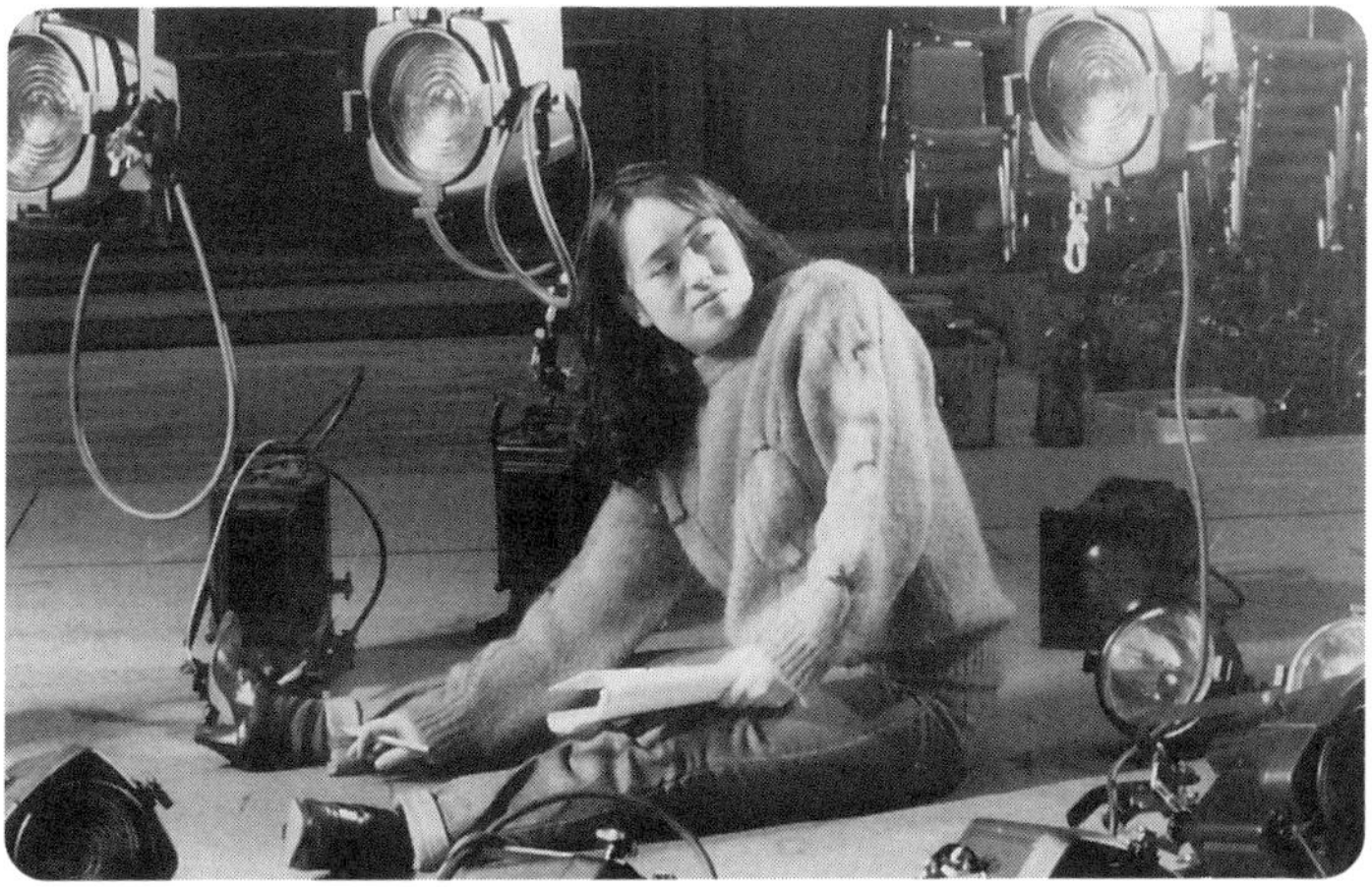

80年代、小劇団ブームの一翼を担っていた32歳の渡辺えりさん（劇団３○○公演『オールドリフレイン』新宿シアターモリエールにて）
写真撮影：山添 徹

作『ぼくらが非情の大河をくだる時～新宿《しんじゅく》薔薇《ばら》戦争～』という作品を上演した時、オーディションには何百人もの応募《おうぼ》があったというが、そのさい、「その戯曲《ぎきょく》を読んでいること、その内容に賛同すること」に加えて、「小道具、大道具、衣装《いしょう》を自分たちで作ること」というのを条件にしたのだという。それでもやりますと言った人の中から歌と踊《おど》りのうまい人を選んだそうで、「稽古《けいこ》が終わった後に、1週間、みんなで作業して、それを誰《だれ》も不満を言わず、楽しそうにやっていたんですよ。だからまたできるのかなと思って」と、劇団への思いは捨てていない。と同時に、「生身の人間が目の前で呼吸して、汗《あせ》流し」という舞台《ぶたい》でこそ、抗《あらが》えない自然を前に、でも懸命《けんめい》に生きる人びとの姿が伝えられる。そのためにも、「舞台《ぶたい》ならではのものをつくらないと」と、えりさんは言う。

勝ち負けがはっきりしないのがおもしろい

確かに、押し入れの向こうから、奇想天外の存在が現れてくるという、初期作品から一《いっ》貫《かん》してえりさんは、舞台《ぶたい》ならではのものをつくりだしてきた。そしてそんな現実と幻想《げんそう》のあわいに遊ぶような作風を支えるのは、雑多なものから生みだされる、八百万《やおよろず》の神々の国ならではの日本文化の独自性。そしてそれこそ大切にすべきものだと説く。「舞台《ぶたい》だって、下手《へた》な人もいっぱい出るのが日本のいいところなんですよ。雑多ないろんなやり方の人がいろんな構成でやる、これが日本のおもしろいところなんです。儲《もう》け、効率を優先したショウビジネスの国では、そうはいかない。ここにこれからの日本の演劇をどうするかもかかっている」と、えりさんは言う。

「一神教の、誰かが良くて誰かが悪いという『ヴェニスの商人』のような、いわゆる復讐して終わりみたいな芝居もいいけれど、善悪でない、敵が殺されて終わりじゃなくて、解決しなくてもいいんだよ、どうなるかわからない、という終わり方の芝居もまたいいんだと伝えたいですね。勝ち負けがつくものを観たかったらスポーツを応援すればいい。勝ち負けがはっきりしないところが演劇のおもしろいところだと思うんですよね、私は」

夢を見て笑えるのは人間だけ

最後に、この本を手にするみなさんへのメッセージをえりさんに聞いてみた。

「とにかく生の舞台を体験してほしい、自分が何か命をかけてもいいからこれをやりたいということがあれば、どんなことでもやってみてほしい、あきらめないでほしいですね。今、ＡＩやＶＲの発達によって自分の手や足を使ってやるってことが少なくなってきているような気がして、それでいいのかって思うんです。やはり、自分の体を使って、その能力を衰えさせないこと。それに動物のなかで夢を見て笑えるのは人間だけなんだから、それはしようよ。だって得がたいものなのだから」

と、えりさんの熱を帯びた語り口を通して「俳優になる」ということを「演劇をやる」として、その心構えといったことを、伝えてきた。そこで語られた演劇への志といったものを、自身でもしっかりともつことができれば、ずっとアルバイトしながらかもしれない、でもそれは最初にえりさんの言った「ずるずると」とは違う、演劇人としての人生を歩むことができるかもしれないのだ。

そもそも「俳優になる」とはどういうことなのか、もう一度考えてみてほしい。そのうえで、どうするかを、見極めていってほしいと思う。

「推し」も原動力

それにしても、えりさんの言葉は、圧倒的で、とてもついていけないと思う読者も多いかもしれない。そんな読者のために、えりさんの別の一面をお伝えしておこう。えりさんが、本名の「渡辺えり子」で、舞台やテレビ、映画で、大活躍をしだしたころ、筆者のまわりのえりさんを知る人たちはみな、じゅり子、じゅり子と呼んでいた。それが、ジュリーこと沢田研二という稀代のトップスターに夢中になり、いつか結婚するんだと言い散らすえり子につけられたあだ名だということを知るのは、このインタビューをするために、えりさんの『えり子の冒険 早すぎる自叙伝』を読んだつい先日のこと。演劇に対する壮大な夢と、今風に言えば「推し」への熱烈な思い。この両輪が若き日の渡辺えり子を駆り立てていたのだ。かくいう筆者も、山口百恵というアイドルに夢中になって、「ファンです」ではなく「おはようございます」という関係で出会いたいという一心でこの世界をめざしたということもあり、結局、会いたいという恋焦がれる思いと、俳優になりたい、劇がしたいという思いは根底ではつながっているというわけで、えりさんの劇団に求めるものも、そんな思いがひとつになる場所ということになるのだろう。

特別寄稿 先輩からのメッセージ2

©Tadashi. T

「彷徨い楽しんでいって欲しい」と謙さんは言った

俳優 渡辺謙さん

ハリウッド映画から、ブロードウェイミュージカル、世界のケン・ワタナベとして、国内外で活躍を続ける渡辺謙さん。

実は、謙さんと筆者は、円演劇研究所の同期である。23年前の『俳優になるには』旧版では、巻頭インタビューに登場してもらった。研究生のころのことをこんなふうに記している。

――謙が新潟のおいしい米で、自分で握り飯を作って、おかずを仕入れてもっていく私とわけあって食べるような毎日――

そう、いい同期生に出会うというのはいいものだ。謙が華々しく活躍してくれたおかげで、自分は自分の生き方が見つかったと言ってもいい。ふだんは会うことも連絡することもない。でも、どこかで、何かつながっている感じ。謙がどう思っているかは知らないが。読者のみなさんも、俳優をめざすなかで、こんなふうに刺激を受けるすばらしい仲間に出会ってほしいと思う。

　では旧版での、謙さんのことばのいくつかを紹介して、そのメッセージをもって、本書を締めくくろうと思う。

人生そのものが演劇、存在そのものが俳優

「『芝居はプレイだ。プレイというのはエンジョイするもので、プレイヤーが楽しむことができないで、どうして観客が楽しむことができるんだ』と言われるとそうだなって」と、イギリスの演出家のことばに目覚めた謙さん。

「演劇は舞台の上だけではないんだ。そのカンパニーのなかで、自分がうまくいってるとかいってないとか、それはいわゆる演技の問題にとどまらない、その場での、人間関係のありよう、そんなものを含めたすべてが芝居なんだ」

「俳優の仕事は、特殊な劇空間のなかで、演技するだけでない。朝起きて歯を磨くことに始まって、ひょっとしたら眠っているあいだでさえもが演劇なんだ。息をするように密接なことなんだ。じゃ、なんでもありじゃないか。自分自身の生きることのありようが、薄い紙一枚の向こう側に演じる人物のキャラクターを通じてあぶりだされていくんだ」。この人生そのものが演劇であり、存在そのものが俳優なんだという発見が、ほんとうの意味で、俳優・渡辺謙を誕生させたのだと当時思ったものだが、まさにそれをみごとに体現しながら、今日に至っているのがすごいことだと思う。

もうひとつ印象的だったのが、

「いい俳優はみなすてきな人だ。でもすてきな人だからいい俳優とはかぎらない。それと同じで、楽しい現場だからいい作品を生み出すとはかぎらないが、いい作品を生み出す現場は必ず楽しい」

この言葉ほどこの世界を言い当てたものはないだろう。

それでは、撮影に追われるなか、本書の読者に送ってくれたメッセージを紹介しよう。

渡辺謙さんからのメッセージ

俳優になるために何が必要なのか？

その問いに答えは見つからない。

「感性」などという不確かなものは当てにはならない。

「情熱」無いやつは最初から無理だ。

「台詞がうまく言えること」まあ当たり前のことだな。

他にも、雰囲気がある、絵になる……

こうして様々列挙してみても、君達にお薦めする方法は無い。

一体いつから、何をもって、自分を俳優と名乗れるのだろう。

デビューしたら？ 作品に恵まれて？ 世の中の人に名を知っていただいた時から？

でも作品が終われば、無職になり、また別の作品に就職する繰り返し。

こんなに不確かな職業を、何故私は40年以上もやり続けているのか……。

例えば、

舞台の袖から、あの「結界」を破ってライトの下に出る時の、痺れるような恐怖と震えるような感動！　に魅せられているから。

カメラの前で魂が解放された瞬間を知ってしまったから。

勿論それもあるかも知れない。

然しおそらく、
自分が自分でない人格になった時
本当の自由を得たことの喜びを体感してしまったからなのかも知れない。
そんな不思議な俳優の生きる世界を、これから彷徨い楽しんでいって欲しい。

いかがだろうか。

どこまでも謙はかっこいい。

これまで厳しいことばかり書いてきたが、

最後に登場された方々も言い、筆者は彼らのようにはなれないものの、なんとかこの世界で生き抜いてこられたその原動力にした言葉をお伝えしておこう。

コンプレックスは魅力の源泉
辛い記憶は発想の起点
悔しい思いは達成のエネルギー

そう思えばしんどいこともちょっと違ってみえてくる。もちろん好きなことを仕事にするには、楽しいだけではすまないことばかりですが、でもその先にあるほんとうの楽しさに出合い、その楽しさが観る人に伝わっていく、そんな喜びを体感できるように日々を大切に過ごしてください。

読んでいただきありがとうございました。

山本健翔

フローチャート　俳優

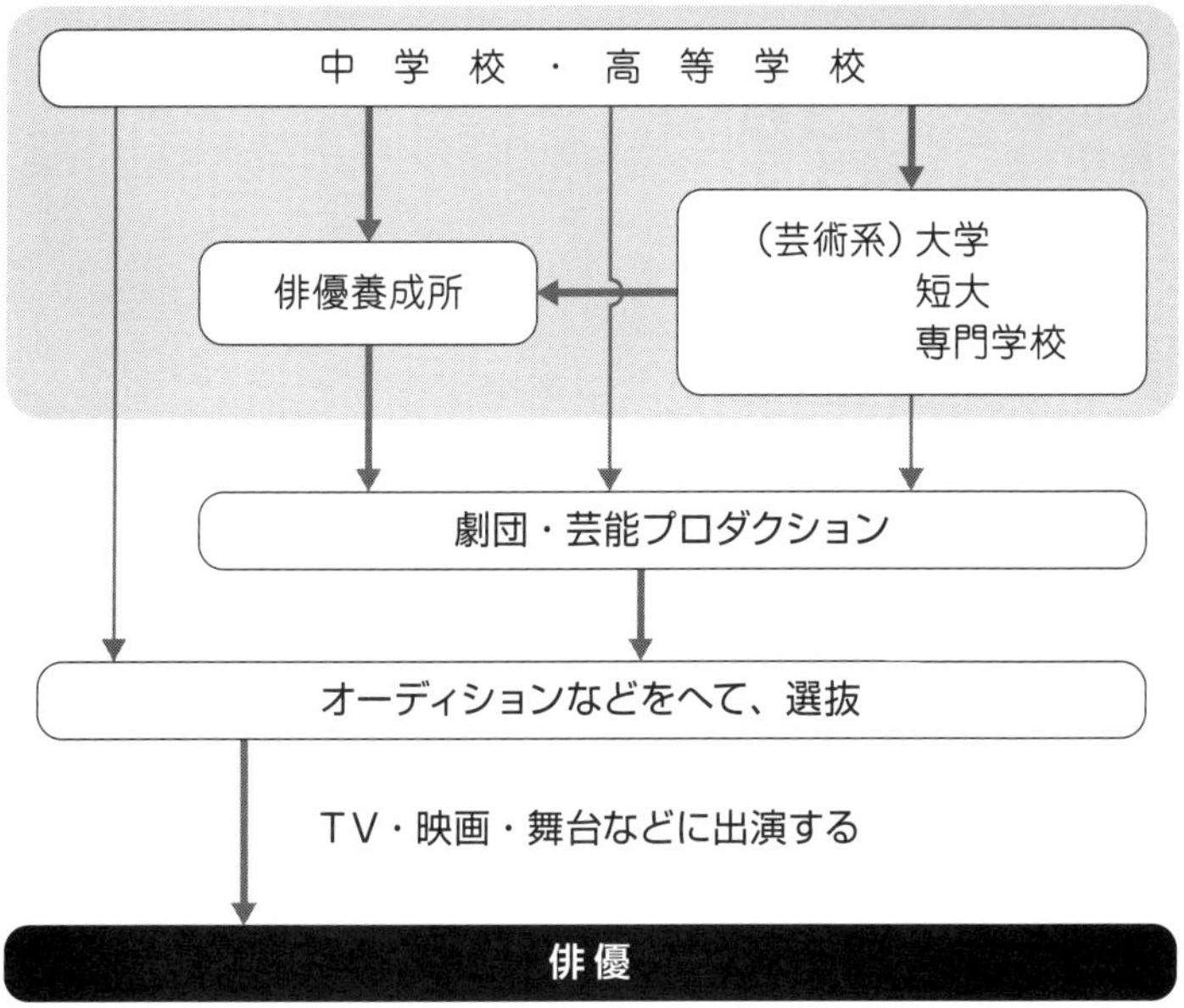
中学校・高等学校
（芸術系）大学
短大
専門学校
俳優養成所
劇団・芸能プロダクション
オーディションなどをへて、選抜
TV・映画・舞台などに出演する
俳優

なるにはブックガイド

レジェンド・オブ・ミュージカル
with
井上芳雄
草笛光子
宝田 明
松本白鸚
鳳 蘭
上條恒彦
光枝明彦
初風 諄
LEGEND OF MUSICAL WITH INOUE YOSHIO
日経エンタテインメント！編
日経BP

『レジェンド・オブ・ミュージカル with 井上芳雄』

日経エンタテインメント！ 編
日経 BP

本書に登場する井上芳雄さんとミュージカル界のレジェンドとのトークショーを書籍化。井上さんが大先輩から聞きだすミュージカルへの熱い思いや後進へのメッセージは、ミュージカル志望者は必読。また井上さんの SB 新書『井上芳雄のミュージカル案内』も、井上さん厳選したミュージカル作品、ナンバー、キャラクターの解説はじめ、内容満載の入門本。

『渡辺えり子 Ⅱ――ゲゲゲのげ／瞼の女』

渡辺えり子（現・渡辺えり）著
早川書房

やはり本書登場の渡辺えりさんの、岸田戯曲賞受賞作『ゲゲゲのげ』、紀伊國屋演劇賞受賞作『瞼の女』という、えりさんの劇団が一気に飛躍する時の作品。「人間が行っちゃいけないような境界線」を感じるえりさんならではの作品２編。なお、このハヤカワ演劇文庫は、国内外の優れた戯曲ばかりの文庫本。戯曲で何を読めばいいかと迷ったら、まずこのなかから読んでみるといいだろう。

『ロミオとジュリエット』

ウィリアム・シェイクスピア 著
松岡和子 訳
ちくま文庫

たぶん世界一有名な恋の悲劇。ミュージカル『ウェストサイドストーリー』の原作。俳優をめざすなら、ぜひ一読を。さらに「夏の夜の夢」は作者がこの悲劇をひっくり返して作った恋と劇と妖精のお話、白水社の小田島雄志訳がお勧め。もっと興味がわけば、世界一有名な台詞「生きるべきか死ぬべきか、それが問題だ」の「ハムレット」河合祥一郎訳まで読めればまずは最高。

『古事記』

池澤夏樹訳 日本文学全集
河出書房新社

作家池澤夏樹さんが古典から現代まで厳選した日本文学全集の第1巻で、池澤さんが現代語に訳したもの。本書の「俳優のはじまり」が登場する「天岩戸伝説」もある。ほかに著名作家による現代語訳された古典群もおもしろいし、さまざまなジャンルの文学に親しんでほしい。また、29巻の『近現代詩歌』や、文学にとって「声＝ボーカリゼーションは重要」とする30巻『日本語のために』のさまざまなバリエーションの言葉は、声に出して読むことをお勧めする。

職業MAP！ 興味があるのはどの仕事？

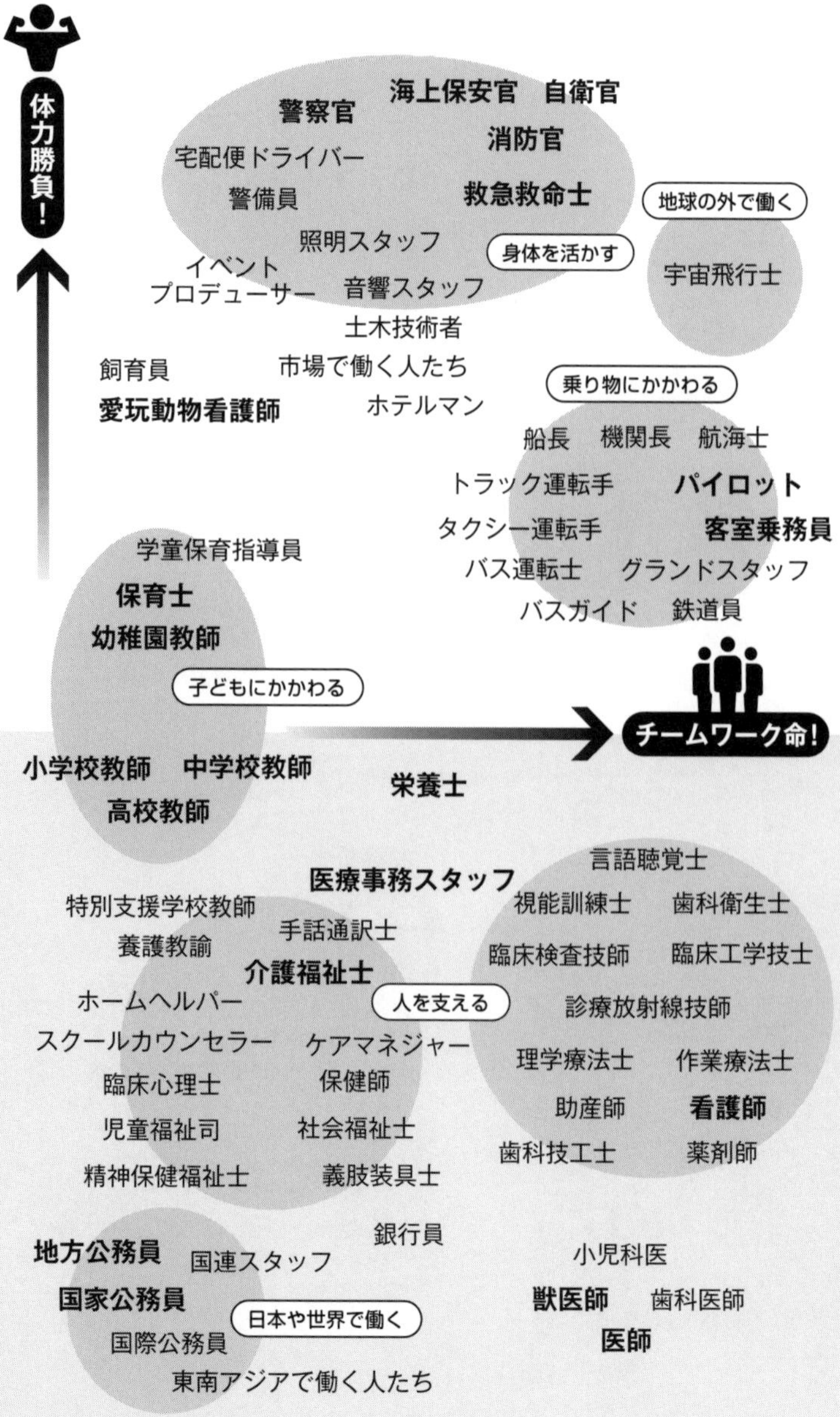
体力勝負！
チームワーク命！
身体を活かす
警察官
海上保安官
自衛官
消防官
宅配便ドライバー
警備員
救急救命士
照明スタッフ
イベントプロデューサー
音響スタッフ
地球の外で働く
宇宙飛行士
土木技術者
飼育員
市場で働く人たち
愛玩動物看護師
ホテルマン
乗り物にかかわる
船長
機関長
航海士
トラック運転手
パイロット
タクシー運転手
客室乗務員
バス運転士
グランドスタッフ
バスガイド
鉄道員
学童保育指導員
保育士
幼稚園教師
子どもにかかわる
小学校教師
中学校教師
高校教師
栄養士
医療事務スタッフ
言語聴覚士
特別支援学校教師
視能訓練士
歯科衛生士
手話通訳士
養護教諭
臨床検査技師
臨床工学技士
介護福祉士
人を支える
ホームヘルパー
診療放射線技師
スクールカウンセラー
ケアマネジャー
理学療法士
作業療法士
臨床心理士
保健師
助産師
看護師
児童福祉司
社会福祉士
歯科技工士
薬剤師
精神保健福祉士
義肢装具士
銀行員
地方公務員
国連スタッフ
小児科医
国家公務員
獣医師
歯科医師
日本や世界で働く
国際公務員
医師
東南アジアで働く人たち

※俳優には個性もチームワークも体力も知力もすべて同時に重要です（筆者）

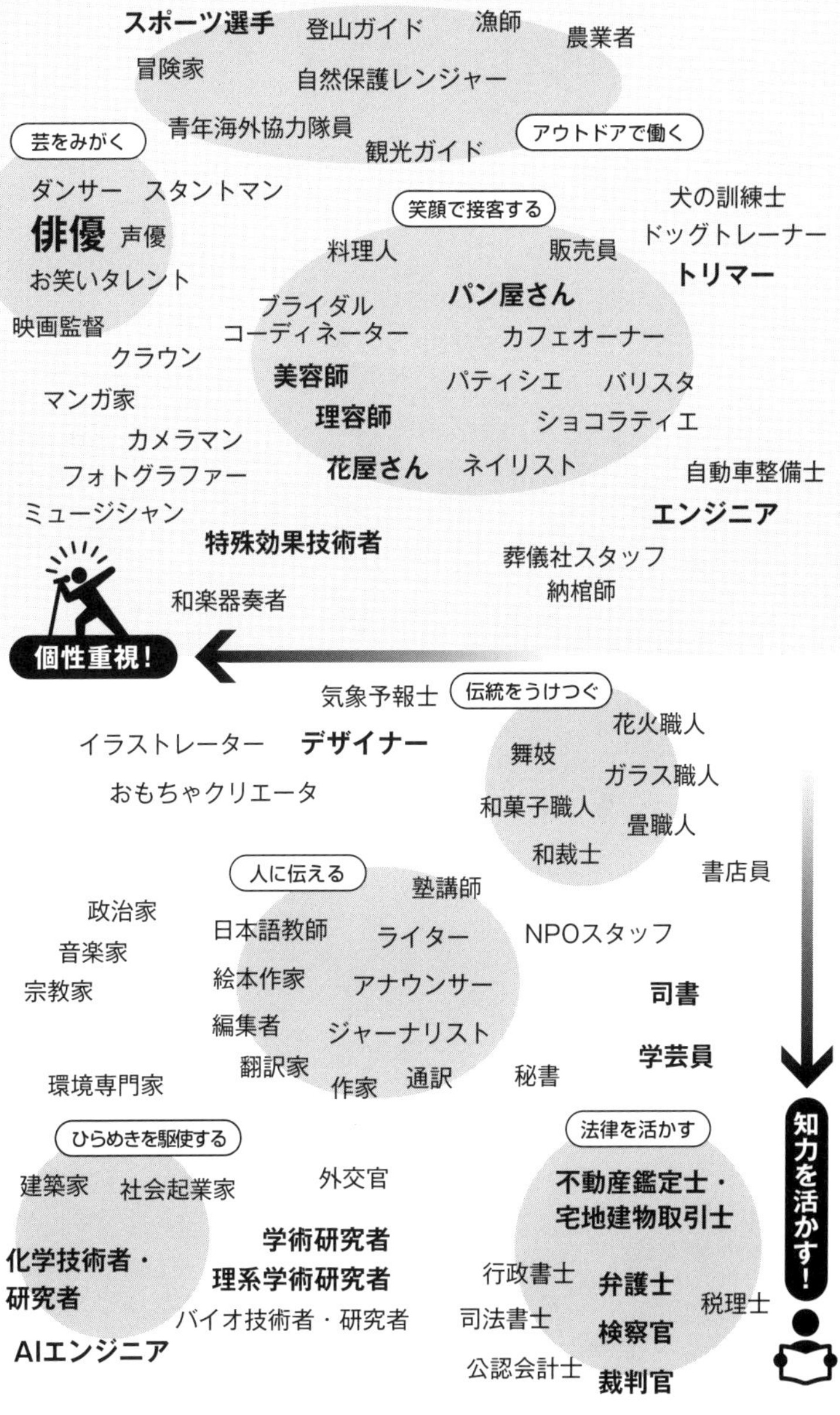

［著者紹介］

山本健翔（やまもと けんしょう）

演出家（劇舎カナリア主宰）、俳優／大阪芸術大学 舞台芸術学科・大学院教授。舞台芸術学科長。

坂東玉三郎丈より多くを学び、ニューヨーク、テリー・シュライバー・スタジオで研修、スタジオ公演にも参加。帰国後、演出、翻訳、劇作、俳優として多数の作品にかかわる。岸田今日子・渡辺謙主演『永遠 彼女と彼』演出、劇詩人加藤道夫企画・演出・出演、廃屋のチェーホフシリーズ台本・演出・出演。俳優として『十二人の怒れる男たち』『ハムレット』『ロミオとジュリエット』『お月さまへようこそ』『あわれ彼女は娼婦』、声優として『犬王』『恋におちたシェイクスピア』などに出演。

著書に『声優になるには』（ぺりかん社）、『フレッド・アステア—20世紀のショウ・ストッパー』（メディアファクトリー）などがある。

俳優（はいゆう）になるには 改訂版

2024年6月25日　初版第1刷発行

著　者　山本健翔
発行者　廣嶋武人
発行所　株式会社ぺりかん社
〒113-0033　東京都文京区本郷1-28-36
TEL 03-3814-8515（営業）
03-3814-8732（編集）
http://www.perikansha.co.jp/
印刷所　大盛印刷株式会社
製本所　鶴亀製本株式会社

©Yamamoto Kensho 2024
ISBN978-4-8315-1669-5　Printed in Japan

「なるにはBOOKS」は株式会社ぺりかん社の登録商標です。

＊「なるにはBOOKS」シリーズは重版の際、最新の情報をもとに、データを更新しています。

【なるにはBOOKS】ラインナップ　税別価格 1170円〜1700円

❶——パイロット
❷——客室乗務員
❸——ファッションデザイナー
❹——冒険家
❺——美容師・理容師
❻——アナウンサー
❼——マンガ家
❽——船長・機関長
❾——映画監督
❿——通訳者・通訳ガイド
⓫——グラフィックデザイナー
⓬——医師
⓭——看護師
⓮——料理人
⓯——俳優
⓰——保育士
⓱——ジャーナリスト
⓲——エンジニア
⓳——司書
⓴——国家公務員
㉑——弁護士
㉒——工芸家
㉓——外交官
㉔——コンピュータ技術者
㉕——自動車整備士
㉖——鉄道員
㉗——学術研究者(人文・社会科学系)
㉘——公認会計士
㉙——小学校教諭
㉚——音楽家
㉛——フォトグラファー
㉜——建築技術者
㉝——作家
㉞——管理栄養士・栄養士
㉟——販売員・ファッションアドバイザー
㊱——政治家
㊲——環境専門家
㊳——印刷技術者
㊴——美術家
㊵——弁理士
㊶——編集者
㊷——陶芸家
㊸——秘書
㊹——商社マン
㊺——漁師
㊻——農業者
㊼——歯科衛生士・歯科技工士
㊽——警察官
㊾——伝統芸能家
㊿——鍼灸師・マッサージ師
51——青年海外協力隊員
52——広告マン
53——声優
54——スタイリスト
55——不動産鑑定士・宅地建物取引士
56——幼稚園教諭
57——ツアーコンダクター
58——薬剤師
59——インテリアコーディネーター
60——スポーツインストラクター
61——社会福祉士・精神保健福祉士
62——中小企業診断士
63——社会保険労務士
64——旅行業務取扱管理者
65——地方公務員
66——特別支援学校教諭
67——理学療法士
68——獣医師
69——インダストリアルデザイナー
70——グリーンコーディネーター
71——映像技術者
72——棋士
73——自然保護レンジャー
74——力士
75——宗教家
76——CGクリエータ
77——サイエンティスト
78——イベントプロデューサー
79——パン屋さん
80——翻訳家
81——臨床心理士
82——モデル
83——国際公務員
84——日本語教師
85——落語家
86——歯科医師
87——ホテルマン
88——消防官
89——中学校・高校教師
90——愛玩動物看護師
91——ドッグトレーナー・犬の訓練士
92——動物園飼育員・水族館飼育員
93——フードコーディネーター
94——シナリオライター・放送作家
95——ソムリエ・バーテンダー
96——お笑いタレント
97——作業療法士
98——通関士
99——杜氏
100——介護福祉士
101——ゲームクリエータ
102——マルチメディアクリエータ
103——ウェブクリエータ
104——花屋さん
105——保健師・養護教諭
106——税理士
107——司法書士
108——行政書士
109——宇宙飛行士
110——学芸員
111——アニメクリエータ
112——臨床検査技師
113——言語聴覚士
114——自衛官
115——ダンサー
116——ジョッキー・調教師
117——プロゴルファー
118——カフェオーナー・カフェスタッフ・バリスタ
119——イラストレーター
120——プロサッカー選手
121——海上保安官
122——競輪選手
123——建築家
124——おもちゃクリエータ
125——音響技術者
126——ロボット技術者
127——ブライダルコーディネーター
128——ミュージシャン
129——ケアマネジャー
130——検察官
131——レーシングドライバー
132——裁判官
133——プロ野球選手
134——パティシエ
135——ライター
136——トリマー
137——ネイリスト
138——社会起業家
139——絵本作家
140——銀行員
141——警備員・セキュリティスタッフ
142——観光ガイド
143——理系学術研究者
144——気象予報士・予報官
145——ビルメンテナンススタッフ
146——義肢装具士
147——助産師
148——グランドスタッフ
149——診療放射線技師
150——視能訓練士
151——バイオ技術者・研究者
152——救急救命士
153——臨床工学技士
154——講談師・浪曲師
155——AIエンジニア
156——アプリケーションエンジニア
157——土木技術者
158——化学技術者・研究者
159——航空宇宙エンジニア
160——医療事務スタッフ
161——航空整備士
162——特殊効果技術者
補巻18　東南アジアで働く
補巻19　魚市場で働く
補巻20　宇宙・天文で働く
補巻21　医薬品業界で働く
補巻22　スポーツで働く
補巻23　証券・保険業界で働く
補巻24　福祉業界で働く
補巻25　教育業界で働く
別巻　レポート・論文作成ガイド
別巻　中高生からの防犯
別巻　会社で働く
別巻　中高生の防災ブック
高校調べ　総合学科高校
高校調べ　農業科高校
高校調べ　商業科高校
高校調べ　理数科高校
高校調べ　国際学科高校
教科と仕事　英語の時間
教科と仕事　国語の時間
教科と仕事　数学の時間
教科と仕事　理科の時間
学部調べ　法学部
学部調べ　経営学部・商学部
学部調べ　経済学部
—— 以降続刊 ——

※一部品切・改訂中です。　2024.6.